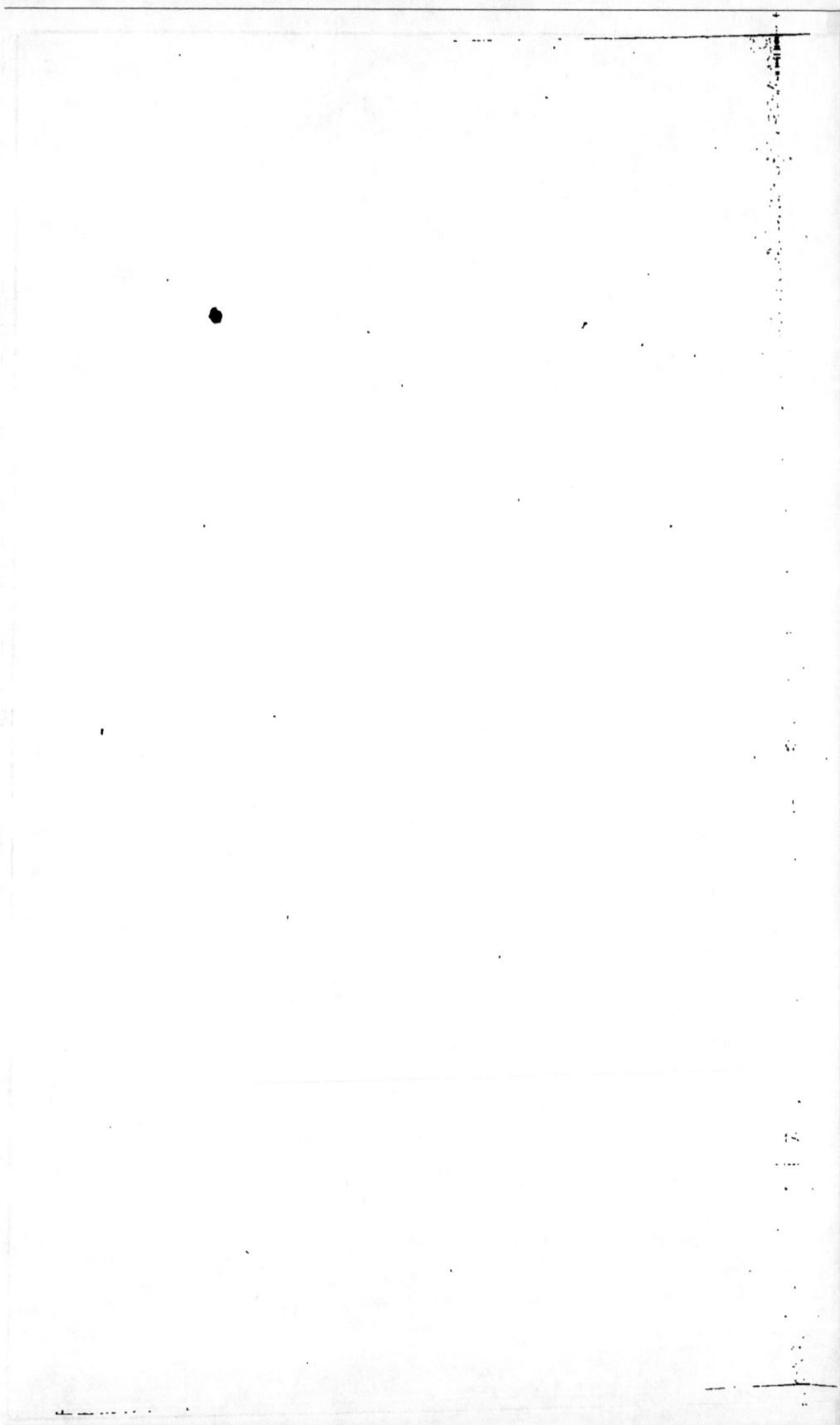

VIE POPULAIRE ET ÉDIFIANTE

DU GLORIEUX

SAINT ROCH

DU TIERS-ORDRE DE SAINT-FRANÇOIS

PATRON DES PÈLERINS, GUÉRISSEUR DU CHOLÉRA, DE LA PESTE
DES MALADIES CONTAGIEUSES

publiée

PAR LE P. IRÉNÉE, D'ORLÉANS

Mineur Observant, de la Province de France de Saint-Louis d'Anjou
avec l'approbation des Supérieurs

SE VEND AU PROFIT DU COLLÈGE SÉRAPHIQUE DE BORDEAUX

PARIS	BORDEAUX
LIBRAIRIE HATON	CHEZ M. A. BRION
Rue Bonaparte, 33.	Rue Saint-François, 41.

1875

VIE POPULAIRE ET ÉDIFIANTE

DU GLORIEUX

SAINT ROCH

APPROBATION

—+—

Nous permettons bien volontiers, pour ce qui nous concerne, l'impression de la *Vie populaire et édifiante du glorieux saint Roch*, etc., par le P. Irénée, d'Orléans, religieux de notre Province. Joignant l'attrait du style à l'intérêt du récit, ce petit volume contribuera à faire mieux connaître une des plus belles gloires de l'Église de France, et à faire aimer davantage un saint dont le culte est si populaire et la vie si peu connue.

Donné à Brives, en notre résidence de Saint-Antoine de Padoue, ce 3 Mai 1875, fête de l'Invention de la Sainte-Croix.

Fr. RAPHAEL,
Min. Prov.

———

IMPRIMATUR

Burdigalæ, die 6° Aprilis 1875.

P. GERVAIS,
Vicarius Generalis.

———✠———

VIE POPULAIRE ET ÉDIFIANTE

DU GLORIEUX

SAINT ROCH

DU TIERS-ORDRE DE SAINT-FRANÇOIS

PATRON DES PÈLERINS, GUÉRISSEUR DU CHOLÉRA, DE LA PESTE

DES MALADIES CONTAGIEUSES

Publiée

PAR LE P. IRÉNÉE, D'ORLÉANS

Mineur Observant, de la Province de France de Saint-Louis d'Anjou

avec l'approbation des Supérieurs

———⁂———

SE VEND AU PROFIT DU COLLÉGE SÉRAPHIQUE DE BORDEAUX

———⁂———

PRIX : 75 CENTIMES

BORDEAUX

IMPRIMERIE ALCIDE SAMIE

Rue du Parlement-Saint-Pierre, 16

———

1875

A MONSEIGNEUR DE ROVÉRIÉ DE CABRIÈRES

ÉVÊQUE DE MONTPELLIER

MONSEIGNEUR,

A qui pouvais-je plus légitimement et plus efficacement offrir cette *Vie populaire et édifiante du glorieux saint Roch?* Évêque de Montpellier, la patrie de notre noble Tertiaire, ami avéré des Franciscains, à qui Votre Grandeur vient d'ouvrir une tente sous le ciel de sa chère et charitable ville de Béziers, nous devions, Monseigneur, à votre double titre de Pasteur et de Père, ce pieux gage de notre reconnaissance. Sans doute un si timide rayon, ajouté aux superbes et savantes auréoles dont la science a si heureusement couronné, dans le diocèse de Montpellier, la mémoire du célèbre *Guérisseur,* ne relèvera en rien l'éclat de son front radieux. Je sais aussi que cet humble travail de la cellule ne mérite à aucun titre un regard de Votre Grandeur; mais il est de ces bénédictions créatrices qui fécondent la matière la plus ingrate. Un mot eut suffi à Moïse pour arracher aux flancs du rocher des torrents salutaires. Un souffle de Dieu a suffi pour débrouiller le chaos et l'animer d'une intarissable puissance. Une de ces paroles d'encouragement, comme le cœur en fait fleurir si souvent sur vos lèvres, Monseigneur, assurera, j'en ai l'intime conviction, à ce petit livre, l'entrée à tous les foyers, et surtout au seuil de l'ouvrier et du pauvre en particulier.

Votre Grandeur ne saurait la refuser à mon faible travail, puisque, outre la dévotion qu'il peut procurer envers votre céleste Diocésain, le produit matériel est destiné à développer, dans notre Collége Séraphique de Bordeaux, la pépinière des religieux missionnaires appelés à entretenir, sous vos regards protecteurs, la semence évangélique au diocèse de Montpellier, et à porter la foi et la civilisation dans les cinq parties du monde.

C'est dans l'espoir de cette bénédiction féconde que j'ose me dire,

De Votre Grandeur,

Monseigneur,

Le très-humble et très-petit serviteur,

FR. IRÉNÉE, D'ORLÉANS,
Min. Obs.

Bordeaux, le 19 Mars 1875.

PRÉFACE

—

Saint Roch, nous ne craignons pas un démenti, est peut-être un des Saints les plus honorés de l'Europe entière, mais des moins connus. Son culte, relevant des contagions publiques, a dû suivre la marche des calamités et souvent les prévenir. Or, quel est l'État, je dirai volontiers la cité, où, depuis six siècles, la peste, sous n'importe quel nom qu'on la désigne, n'ait promené ses lugubres victoires. La peste noire, au XIV⁵ siècle, est restée tristement célèbre par ses désastres, surtout en Italie, en Angleterre, en en France, en Allemagne et en Russie. « A une époque plus rapprochée de nous, dit le docteur Brochin, ses invasions en Europe sont devenues tellement fréquentes, qu'on a pu croire, pendant quelque temps, qu'elle y est devenue endémique, comme elle l'est en Égypte, dans la Syrie et quelques autres contrées de l'Orient. La peste fut très-commune, en effet, dans le XVI⁰ et le XVII⁰ siècle ; elle envahit successivement, durant cette courte période, l'Italie, la France, l'Angleterre, la Hollande, l'Allemagne. On la voyait naître alors, se développer spontanément à Paris et à Londres, comme elle se développe aujourd'hui à Alexandrie et à Constantinople. La dernière et l'une des plus mémorables invasions de la peste, en France, est celle qui ravagea la Provence, en 1720, et laissa dans ce pays des traces et des souvenirs qui se sont transmis, encore vivaces, dans la génération actuelle. » Les dévouements signalés à Marseille à cette époque sont restés historiques : sur deux cent soixante-dix enfants de saint François qui habitaient cette ville à l'apparition du fléau, il en périt deux cent soixante-sept au service des pestiférés ; trois seulement survécurent comme pour attester l'héroïsme de leurs frères. En vain la science, qui ne veut jamais avoir tort, a essayé de rechercher les causes dans des phénomènes climatériques et appliquer des remèdes analogues. Les peuples,

plus sensés que les savants, ont trouvé, avec
raison, les causes des calamités publiques dans
la vengeance de Dieu irrité contre nos crimes, et
le remède dans la pénitence et le recours à la
clémence du Père des hommes. Coupables, ils
ont senti la nécessité d'intermédiaires entre la
terre et le Ciel, et voilà pourquoi ils ont sollicité
l'intercession des Saints. Or, l'un de ces puissants
bienheureux, saint Roch, fut connu et révéré,
de son vivant même, comme un *Guérisseur*
universel, et on le pria avec efficacité dans toutes
les maladies contagieuses, et plus spécialement,
de nos jours, aux diverses apparitions du choléra
asiatique, en 1832, 1837, 1849, 1853, 1854 et
1856.

Le nom et l'habileté de son fameux médecin,
c'est à peu près tout ce qu'en sait le peuple. Sans
doute, c'est beaucoup : c'est le principal. Mais
plus la vie d'un bienfaiteur est connue dans ses
détails intimes, plus on s'y attache, plus on
l'aime, plus grand devient le culte de la reconnaissance, plus haut montent les sentiments de
respect et d'amour. Voilà précisément quel a été
le mobile de notre travail : propager la connaissance d'un saint franciscain, d'un héros français,
par des détails encore peu répandus. Ce n'est pas

que les historiens de notre saint manquent; au contraire, ils sont nombreux. Mais leurs écrits souvent volumineux, trop savants et chers, n'ont été composés que pour une classe spéciale de la société, les gens d'études et de lettres, et n'ont pu arriver jusqu'à la portée des rangs les plus humbles. Nous avons cherché dans cette *Vie populaire et édifiante de saint Roch* à vulgariser, non pas la dévotion proprement dite à l'illustre guérisseur, mais la raison même de son culte. C'est dire que notre petit ouvrage n'est pas une œuvre d'érudition ni d'aperçus historiques sur les mœurs et la politique du XIVe siècle, mais bien plutôt un livre de lecture édifiante, instructive, mis au niveau de toutes les intelligences et accessible à toutes les économies. L'emploi de son prix si modique prouve notre fidélité à notre sainte règle, qui nous défend tout profit et toute propriété personnelle ou commune. Nous n'avons voulu que concourir au développement du Collège Séraphique, établi à Bordeaux depuis quatre ans. Là, le Seigneur a confié à nos faibles mains la culture d'une pépinière d'enfants, destinés à l'apostolat dans toutes les parties du monde sous les livrées du séraphique François, et qu'il faut nourrir, entretenir et élever par la charité. Daigne le glorieux Roch, notre saint et notre frère, donner à ce travail un succès surtout d'édification, de piété et d'accroissement de son culte ; nous nous trouverons suffisamment dédommagé.

Fr. IRÉNÉE, d'Orléans,
Min. Obs.

Bordeaux, en la fête de saint Joseph, le 19 Mars 1875.

————•❖•————.

VIE POPULAIRE ET ÉDIFIANTE

DU GLORIEUX

SAINT ROCH

DU TIERS-ORDRE DE SAINT-FRANÇOIS
PATRON DES PÈLERINS, GUÉRISSEUR DU CHOLÉRA, DE LA PESTE
DES MALADIES CONTAGIEUSES

CHAPITRE Ier

Sa naissance, son éducation, son mépris du monde. — Mort
de ses parents. — Il distribue ses biens aux pauvres. —
Stances sur la Pauvreté.

Vivait au XIIIᵉ siècle, dans le Languedoc, un
prince appelé Jean, marié à une princesse non
moins fortunée, nommée Libéra ou Libère. Leur
résidence habituelle était Montpellier, d'où ils gou-
vernaient leurs immenses domaines cinq fois sécu-
laires. Pour eux — car ils étaient profondément
chrétiens, amis des pauvres gens et des ouvriers —
leurs sujets étaient moins des vassaux que des
enfants et des frères. Aussi étaient-ils partout
bénis comme des bienfaiteurs et des pères. A
l'abondance des biens de la fortune, à l'estime
dont on les comblait dans leurs états, il manquait
cependant quelque chose pour compléter leur

bonheur. Jean et Libéra auraient désiré les caresses, les baisers et l'amour d'un fils. Mais Libéra était d'un âge avancé, et, comme une autre Sara, elle avait perdu tout espoir humain d'être mère. Cependant les deux vertueux époux, sachant bien que Dieu avait donné Isaac à Abraham dans une extrême vieillesse, et fécondé le sein stérile de la mère de Samuël, ainsi que celui d'Élisabeth, persévéraient comme Elcana et Anne, comme Zacharie et son épouse, dans la prière, sollicitant du Ciel la naissance d'un enfant, non pas pour en faire un riche héritier de leurs grands biens, mais pour donner à Jésus-Christ un disciple de son Évangile. Voici la prière, telle que nous l'a rapportée un de leurs historiens, qu'ils adressaient souvent tous les deux à la très-sainte Vierge à ce sujet :

« O vous, Mère et Reine du monde, Vierge l'unique espérance des humains, asile consolateur, doux refuge des affligés, vous à qui recourent tous les hommes, vous voyez à vos pieds des serviteurs entièrement dévoués, pleins de confiance dans votre amour et dans votre miséricorde ; de grâce, ne les abandonnez pas, et si vous le croyez utile au bien de l'Église, exaucez leurs prières. Nous vous demandons un fils ; ce n'est pas pour qu'il augmente notre fortune, qu'il acquière de nouveaux biens et se fasse un nom dans le monde, c'est au contraire pour qu'il soit le père des pauvres, qu'il vous serve, qu'il propage la connaissance et la gloire de votre saint nom jusqu'à souffrir pour vous, sans hésiter, toute sorte de tourments et la mort. »

Un jour que, dans toute l'ardeur de son espérance, Libéra, accompagnée de ses suivantes, faisait dans l'église de Notre-Dame des Tables cette prière aux pieds d'une statue de la Mère de Dieu, elle crut que Jésus et Marie lui avaient fait signe que sa prière était exaucée. De plus, une voix venue du Ciel lui dit : « Aie confiance, ô Libéra, le bon Dieu a entendu ta prière, il te sera donné un fils selon son cœur et selon tes désirs. »

Transportée d'une joie indicible, Libéra retourne à son palais et raconte à son époux l'heureuse nouvelle. Tous deux, fondant en larmes de reconnaissance et de joie, se jettent à genoux, remercient le Seigneur et lui offrent tout ce qu'ils en ont reçu.

La promesse du Ciel ne tarda pas à se réaliser. L'an de notre Seigneur 1295, Libéra mit au monde un enfant magnifique, que son père voulut appeler Roc ou Roch. Ce nom était comme un présage de la solide vertu de l'enfant, qui devait être un jour inébranlable dans les adversités et devenir une pierre du sanctuaire des saints. Inutile de dire quelle fut la félicité des parents et des sujets : on ne vit, on n'entendit partout que témoignages d'allégresse ; *un grand nombre de peuples se réjouirent à sa naissance* comme à celle de saint Jean, et sur toutes les hauteurs on alluma des feux en signe de la joie générale. Le père et la mère surtout étaient au comble du bonheur, car l'enfant en naissant avait apporté avec lui des marques non équivoques de sa future grandeur devant Dieu. On voyait sur sa poitrine, du côté gauche, l'empreinte fortement dessinée d'une croix rouge. Libéra comprit ses devoirs de mère à l'égard de cet enfant du miracle. Loin d'imiter ces nombreuses mères qui, avides des joies de la maternité, sans en vouloir supporter les peines, laissent, sous de vains prétextes d'âge, de santé, d'occupations, à un sein mercenaire le soin de nourrir leurs enfants, sans s'inquiéter si, avec le lait, les pauvres innocentes créatures ne suceront pas le vice et la mort anticipée, sinon de leur corps, au moins de leur cœur ; Libéra voulut, malgré ses années, allaiter elle-même son nouveau-né. Pieuse mère, pouvait-elle le confier à plus de vertus, à plus d'amour, et par conséquent lui donner une nourriture plus substantielle ? Voulez-vous, ô mères, des enfants dignes de vous ? nourrissez-les de vous.

Le petit Roch semblait répondre, dès le berceau, aux pratiques de piété de sa sainte mère ;

car comme celle-ci, malgré son rôle de nourrice, continuait, ainsi que dans le passé, de jeûner tous les mercredis et vendredis en l'honneur de la sainte Vierge, ne prenant alors qu'un seul repas vers le soir, lui aussi de son côté, pour honorer Dieu, n'acceptait le sein qu'une fois ces jours-là, préparant ainsi son petit corps aux austérités des jeûnes de l'avenir. S'étonnera-t-on alors que, dès l'âge de cinq ans, fidèle observateur du précepte de saint Paul, il ne prit que très-peu de nourriture, afin de châtier son corps et de le réduire en servitude ?

L'enfant croissait tout à la fois en âge et en grâce devant Dieu et devant les hommes : son air d'angélique candeur, son visage toujours souriant, sa patience inaltérable charmait tout le monde ; ses efforts et sa constance dans la prière sollicitaient les regards amoureux du Père céleste. A l'église il restait toujours à genoux et dans un si grand respect, surtout pendant le saint sacrifice, qu'il pouvait servir de modèle à des personnes plus mûres. Ses récréations les plus ordinaires consistaient à dresser dans un coin du palais de petits autels et d'y révérer de saintes images. Pur comme un ange dans ses mœurs, il apportait à tous ses actes la maturité d'un vieillard et à toutes ses paroles l'austérité de la vertu. Ses amis les plus chers étaient les pauvres, auxquels il distribuàit de larges aumônes et jusqu'à ses propres repas. C'est ainsi que l'amour de Dieu et des membres souffrants de Jésus-Christ le préparait à l'amour le plus parfait de la Croix, dont il portait l'image vivante sur son corps. Quand on est ainsi formé de bonne heure à l'école de l'Évangile, le vent de la douleur et de l'adversité peut souffler, le cœur sent, mais ne faiblit pas.

De si heureuses et si précoces dispositions dans un enfant de moins de dix ans, consolaient Jean dans le présent et le rassuraient sur la continuation du bonheur de ses peuples. Aussi prenait-il ses précautions pour assurer à son fils la succession de sa principauté. Mais que sont les royaumes d'ici-bas pour des héritiers d'une patrie divine?

Jean, âgé de plus de soixante-ans, fut frappé d'une maladie que les médecins déclarèrent mortelle. Malgré les soins dont on entourait une vie si chère à ses sujets, Jean ne se fit pas illusion: il demanda lui-même les sacrements de l'Église pour mourir comme il avait vécu; puis fit venir son fils près de son lit, et lui dit : « Me voici, mon cher enfant, sur le point de quitter cette vie d'agitations, de troubles et de misères, et de recevoir la récompense de mes travaux en allant jouir, s'il plaît à Dieu, du règne éternel avec lui. Comme je n'ai rien au monde de plus cher que vous et que j'ai mis tous mes soins et mes pensées à former

votre cœur, j'ai cru devoir vous donner quelques
conseils très-utiles pour passer votre vie dans la
piété, le bien et l'innocence. Au nom du Ciel,
prêtez une oreille docile à mes avis, et veuillez ne
pas les mépriser. Par dessus toutes choses, appli-
quez-vous au service de Dieu, à la méditation fréquente des douleurs et de la passion que Notre
Sauveur a endurées pour notre salut, et pour racheter de l'enfer le genre humain, perdu par la
faute de notre premier père, et pour lui rendre ses
premiers droits à l'héritage céleste. Soyez l'appui
de la veuve, de l'orphelin et du malheureux;
gardez-vous surtout de l'avarice, source de toutes
sortes de péchés. Sachez-le bien : en appliquant
aux pauvres les revenus des grands domaines que
je vous laisse, en dotant les jeunes filles sans fortune, en retirant du vice celles qui y sont plongées,
en exerçant partout la clémence, vous serez
agréable à Dieu et aux hommes. Soyez hospitalier, visitez les malades, soignez-les de vos mains,
et tout le monde vous jugera digne du royaume
des Cieux. »

Le pieux jeune homme couvrit de larmes et de
baisers la main de son père en lui jurant d'être
fidèle à ses recommandations. Alors Jean, comme
l'ouvrier qui a terminé sa journée, s'endormit du
sommeil du repos dans le sein de Dieu. La douleur de Roch fut immense, car la religion n'éteint

dans les saints et les personnes religieuses ni les
affections ni les sentiments; elle permet de pleu-
rer, comme ont pleuré Jésus, Marthe et Marie, au
tombeau de Lazare, à Gethsémani et au Calvaire :
les larmes, c'est le vin du pressoir tombant dans
la coupe d'or de l'autel; les larmes, c'est la rosée
qui féconde la terre de l'exil; les larmes, c'est la
perle brillante qui achète le paradis. Roch, fidèle
à ses devoirs de fils et de chrétien, fit enterrer
son père avec toute la pompe due à sa fortune et
à son rang; car, en ce temps-là, ne brillait pas la
noble philosophie de nos libres-penseurs modernes
pour qui la sépulture d'un père, d'une mère, d'un
frère ou d'un ami mérite au plus d'égaler celle
d'un chien ou d'un cheval morveux.

Cette première plaie du cœur était à peine ci-
catrisée, que la mort de Libéra, sa bonne, sa
pieuse mère, la déchira avec une nouvelle douleur. Roch supporta cette seconde épreuve avec la
même noblesse de sentiments et la même résignation. Il n'avait pas vingt ans, et il se trouvait à la
tête de nombreux vassaux et d'une fortune immense. Un cœur étroit eut pu borner son horizon
à la sphère d'une principauté; mais Roch était né
pour un plus vaste royaume. Du reste, il n'avait
pas oublié les saintes recommandations de son
père. Inaccessible aux attraits du luxe, de la mol-
lesse et de tous les désordres qui en forment le

triste cortége, il préféra prêter l'oreille à cette
voix qui a dit : « Vendez ce que vous possédez ;
donnez l'aumône ; faites-vous des bourses qui ne
s'usent pas ; préparez-vous dans le Ciel des trésors
inépuisables que les vers ne rongent pas, que les
voleurs n'enlèvent pas. » Observateur scrupuleux
des conseils du divin Maître, pour laisser ignorer
à sa main gauche les œuvres de sa droite et ne pas
s'exposer à l'orgueil par l'ostentation de ses libé-
ralités, il distribua aux pauvres tout ce qu'il put
réunir de ses biens patrimoniaux, et résolut lui-
même de se faire pauvre.

François d'Assise avait relevé de la boue la
Dame Pauvreté et avait orné son front d'un
diadème désormais royal. Cette reine trouva de
nombreux courtisans pour la suivre et des poètes
pour la chanter. Roch ne pouvait ignorer les
magnifiques stances composées par le franciscain
Jacopone, contemporain et ami du Dante, le grand
poète de l'Italie. Qu'on nous permette d'en citer
quelques-unes :

Doux amour de la Pauvreté, combien devons-nous t'aimer !
Pauvreté, ma pauvrette, l'humilité est ta sœur ; il te
suffit d'une écuelle et pour boire et pour manger.

Pauvreté ne veut que ceci : du pain, de l'eau et un peu
d'herbes. Si quelque hôte lui vient, elle ajoute un grain
de sel. Pauvreté chemine sans crainte ; elle n'a pas d'ennemis ; elle n'a pas peur que les larrons la détroussent.

Pauvreté frappe à la porte des gens; elle n'a ni bourse ni besace; elle ne porte rien avec elle, si ce n'est le pain qu'on lui donne.

Pauvreté n'a pas de lit, ni de maison, ni d'abri : elle n'a ni manteau, ni table : elle s'assied à terre pour manger.

Pauvreté meurt en paix; elle ne fait pas de testament; ni parents, ni parentes, ne se disputent son héritage.

Pauvreté, pauvrette, citoyenne du Ciel, nulle chose de la terre n'éveille ton désir.

Pauvreté fait l'homme parfait, vit toujours avec son bien-aimé. Tout ce qui peut l'assujettir, elle le méprise.

Pauvreté ne gagne rien; de tout son temps elle est prodigue; elle ne se garde rien pour le soir ou le lendemain.

Pauvreté, grande monarchie, tu as le monde en ton pouvoir, car tu possèdes le souverain domaine de tous les biens que tu méprises.

Pauvreté, science profonde, en méprisant les richesses, autant la volonté s'humilie, autant elle s'élève à la liberté.

Au vrai pauvre de profession le grand royaume est promis : c'est la parole même du Christ qui ne peut jamais tromper.

Pauvreté, haute perfection, d'autant plus croît ta raison que déjà tu possèdes le gage de la vie éternelle.

Pauvreté gracieuse, toujours joyeuse et abondante! qui peut dire que ce soit chose indigne d'aimer toujours la pauvreté?

Pauvreté va criant et prêchant à haute voix : « Laissez de côté les richesses que nous devons abandonner. »

En méprisant les richesses et les honneurs et les grandeurs, dites : « Où sont les richesses de ceux qui sont passés? »

La pauvreté n'a aucun avoir; elle ne possède rien; elle se méprise elle-même; mais elle règnera avec Jésus-Christ.

O pauvre François! Patriarche nouveau! Tu portes l'étendard nouveau, marqué au signe de la Croix.

CHAPITRE II

Roch quitte Montpellier. — Le fils du Diable à Aix. — Il
part pour l'Italie. — Tableau de la peste. — Rome. —
Guérison d'un cardinal. — Sa vie dans la Ville Sainte.

Dépouillé ainsi volontairement de tous ces vains
hochets dont le monde pare sa vanité, Roch abandonne à son oncle sa principauté, le gouvernement
de ses villes et se met en devoir de partir pour
l'Italie. Ce fut à cette époque, probablement, que
le noble jeune homme entra dans le Tiers-Ordre
de Saint-François [1]. Il se revêt d'un habit
grossier de couleur brune ou rougeâtre, jette sur
ses épaules un pauvre manteau, prend un chapeau
de pasteur; puis, un bâton à la main, des san-
dales aux pieds, seul et sans compagnon, il se
dirige vers Rome. Son but était d'y révérer les

(1) On ne saurait douter en aucune manière que saint Roch
ait fait partie du Tiers-Ordre de saint François. C'est un fait
des mieux attestés par des auteurs sérieux et des monuments
authentiques. Arthur, dans son *Martyrologe Franciscain*,
Frémont dans sa *Légende générale des Saints de l'Ordre
Séraphique*, Huéber dans son *Ménologe*, le citent comme
Tertiaire. L'Église, elle-même, le reconnaît tel. Paul III,
dans sa Bulle *Cùm à nobis*, de l'an 1547, dit expressément :
Je sais que saint Roch est compté parmi les bienheureux du
susdit Ordre : *Scio inter Cœlites prœdicti Ordinis haberi
S. Rochum.* *(Note de l'Auteur.)*

1·

précieuses reliques de tant d'illustres héros qui ont versé leur sang pour la foi et de s'y enrichir au trésor même des indulgences. A son départ, la ville tout entière de Montpellier éclata en sanglots et en larmes. Grands et petits, nobles et vilains, tous pleuraient, les orphelins un père, les veuves un appui, les pupilles un défenseur. Mais lui, au contraire, le cœur rempli d'une sainte joie et heureux d'être pris pour le dernier des misérables, il allait par les chemins solitaires, passant les jours dans une continuelle oraison, mendiant son pain de porte en porte avec reconnaissance et bénissant ceux qui le lui refusaient. S'il arrivait qu'il n'eût trouvé ni gîte ni nourriture, il allait sur la place publique et implorait à genoux la pitié des passants. Se rencontrait-il avec d'autres pèlerins, il les instruisait et sanctifiait la route par la prière et de pieux entretiens, leur donnait le pain de sa besace, pansait leurs infirmités, les consolait et les assistait de ses soins les plus ingénieux. Son sommeil était court; encore ne l'accordait-il qu'aux exigences de la nature fatiguée, et c'était tantôt sous un arbre, tantôt sous un portique, ayant pour lit la terre nue et pour oreiller une pierre. S'il passait devant une église, il ne manquait pas d'y entrer, et plus d'une fois on l'y surprit dans de saints ravissements.

A Aix, dit-on, il assista à un sermon trop

caractéristique des mœurs de l'époque pour que nous ne le rapportions pas ici.

Philippe IV, accusé hautement par le peuple de faire de la fausse monnaie, était l'objet public d'allusions non équivoques : celle-ci est d'une sanglante crudité. Le prédicateur, après un moment de repos et de recueillement, renforçant sa voix, continua ainsi :

« Mes frères, vous allez rire, ou plutôt ne pas me croire ; cependant rien n'est plus sûr, rien n'est plus vrai, qu'un jour qu'il ne faisait pas très-clair ; qu'il ne faisait pas non plus très-obscur, je vis comme vous voyez, j'entendis comme vous m'entendez, le diable, qui, tout fin qu'il est, ne me voyait, ni ne m'entendait, occupé qu'il était à à peigner la crinière de son jeune fils, à lui affiler les cornes, à lui aiguiser les griffes, en même temps qu'à lui donner ses leçons : « Mon féal et bien-aimé fils, lui disait-il, tu connais le proverbe : Avoir de l'esprit comme un diable. » Il n'est donc pas permis à un diable d'être une bête ? Écoute donc et instruis-toi : d'abord commence par savoir quel est celui de tous les états qui remplit le plus nos chaudières. Cet état, sache-le bien, retiens-le bien, n'est pas celui de tailleur, ni celui de meunier, ni même celui de procureur ; cet état, souviens-t'en, ne l'oublie jamais, cet état est celui de faux monnayeur.

» Réjouis-toi, mon fils ! continua le diable, réjouis-toi ! car tu verras quelles entraves, quels embarras, les hausses et les baisses du marc d'argent apportent dans le commerce, dans les transactions, dans les plus simples conventions. Mais, dans les moments de pénurie, le roi emploie un moyen encore bien plus expéditif; il déclare, par une ordonnance, que toutes les monnaies existantes au jour présent, neuves ou vieilles, sont vieilles et hors de cours; il ordonne que ceux qui les possèdent viennent les échanger aux hôtels des monnaies, contre celles qu'il fait fabriquer et que celles-ci soient les seules admises dans les paiements. Aussitôt tout le monde est obligé de porter son vieil argent ou son argent vieilli aux hôtels des monnaies, et de l'échanger contre le nouveau, qui a un dixième d'argent fin de moins et un dixième d'alliage de plus ; et, commé il y a à peu près dix millions de numéraire dans le royaume, à six livres le marc d'argent, c'est 500,000 fr. de bénéfice pour le roi.

» On croit rire, là-haut sur la terre, quand on dit que c'est le diable qui a imaginé toutes ces diableries et mille autres ; cependant rien n'est plus vrai, car c'est moi qui, siégeant au conseil du roi, dans le chaperon des conseillers financiers, leur souffle aux oreilles les projets les plus diaboliques, qui sont toujours admis, applaudis.

» Tu me demanderas comment peut faire le roi
pour se faire porter aux hôtels des monnaies toutes
les espèces que son ordonnance déclare vieillies,
hors de cours? Tu me demanderas, j'en suis sûr
encore, si, en France, ou dans les pays voisins de
la France, il n'y a pas aussi d'autres fabricants de
monnaies, qui veulent partager avec le roi, le
riche bénéfice du dixième d'alliage de plus?

» A la première question, je te répondrai que,
lorsque la rentrée des espèces déclarées vieillies,
hors de cours, ne se fait pas rapidement, le roi
envoie dans les maisons et partout des coupeurs,
des preneurs des espèces démonétisées, pour les
percer, les couper, en même temps que dans les
marchés il établit des surveillants qui examinent
si on paie avec les espèces légales.

» A la deuxième question, qu'il y a en France
et hors de France des faux monnayeurs en très-
grand nombre, qui contrefont souvent non les
espèces légales, mais les espèces déclarées vieillies,
fabriquées avec de l'argent d'un meilleur titre et
auxquelles l'opinion donne si généralement et si
hautement la préférence, qu'alors, dans l'hôtel
des monnaies, afin de diminuer le mal, on les
contrefait aussi pour les figures et les inscriptions,
mais non pour le titre, car les monnayeurs du
roi l'altèrent; et, ce qu'il y a de singulier, c'est
que, devenus alors eux-mêmes faux monnayeurs,

ils n'en font pas moins le procès criminel aux
autres faux monnayeurs, dont les alliages ne sont
pas plus grands et sont quelquefois même moins
grands que les leurs... Mon fils, mon cher fils,
toutes les astuces, toutes les ruses, tous les délits,
tous les crimes se sont répandus sur la terre par
les variations des monnaies ! Réjouis-toi donc !
tu es venu en *bon temps,* car autrefois il n'en
était pas ainsi. » (1)

C'est ainsi que saint Roch, sanctifiant ses
voyages, léguait aux pèlerins de l'avenir le vrai
modèle des pèlerinages. Aussi il est plus facile
d'imaginer que de dire combien fut agréable à
Dieu la vie de notre héros. Le Ciel avait résolu de
glorifier l'humilité de son serviteur. La ville
d'Aquapendente, en Toscane, fut le premier
théâtre où Dieu fit éclater la sainteté du pèlerin.

L'Italie présentait, à l'Europe épouvantée, le
spectacle le plus hideux et le plus lamentable. La
peste promenait ses affreux ravages. Ce n'étaient
dans les rues d'Aquapendente que morts et mourants, que cadavres demeurés sans sépulture ; ici,
un fils dans les bras de son père ; là, une mère
expirante au cou de sa fille en putréfaction ; partout des cris, des hurlements, le désespoir, l'épou-
vante, l'infection, la pourriture, la mort; et, pour
comble de malheur, aucun secours. C'est dans ces

(1) A. Monteil, épit. XCV.

circonstances qu'arriva le saint voyageur conduit par la Providence. Profondément touché d'un si déchirant spectacle, Roch a senti son cœur s'agiter jusque dans ses entrailles. Héros de la charité chrétienne, il ne calcula ni les dangers, ni la profondeur du mal. A sa place, nos libres-penseurs, sous prétexte de sauver leurs jours, auraient commencé par prendre la fuite bien vite, sans oublier leur bourse, comme ils ont fait maintes fois devant le choléra et devant les Prussiens. Ce ne sont pas les orateurs des trétaux, les hauts détracteurs des pèlerinages, les fusilleurs éméri-tes qu'on a jamais vus dans les hôpitaux, dans les ambulances, dans la boue des champs de bataille : non, à eux les bons feux, les bonnes tables, les coussins des fauteuils ; tandis que le prêtre catholique, le religieux, le frère ignorantin, vrais amis du peuple et de l'ouvrier, se dépensent jusqu'à la mort au soulagement de toutes les misères de l'humanité souffrante.

Roch va droit à l'hôpital Saint-Jean où était le foyer le plus actif du mal, demande à parler à l'administrateur qui se nommait Vincent : « Je n'ignore pas, lui dit-il, les horreurs de ce lieu et je sais que vous êtes seul pour les conjurer ; je viens vous offrir mes services pour vous aider ; de grâce, acceptez-les et je vous assisterai tant que je vivrai. » — « Votre charité et votre foi, je le vois, ne sont pas d'un cœur vulgaire, mais jamais ni votre jeunesse, ni la délicatesse de votre santé ne supporteront le poids de ce labeur et les exhalaisons mortelles de cette maison. » — « Eh quoi! est-il quelque chose de difficile avec le secours de Dieu, quand on travaille pour lui? Et n'est-il pas écrit? Ce que vous avez fait au plus petit d'entre les miens, c'est à moi-même que vous l'avez fait. »

Malgré toutes ces raisons, Vincent ne crut pas devoir exposer la vie du jeune homme à un péril si manifeste, auquel personne semblait ne devoir échapper. Mais Roch insiste comme s'il s'agissait d'un emploi lucratif à conquérir, ou d'immenses honneurs à gagner, et demande à être conduit auprès des malades.

Vincent, vaincu par tant d'instances et par la crainte de la colère de Dieu, s'il privait son hôpital d'un secours si inattendu, conduit Roch auprès des malades. Le voilà comme un ange descendu du Ciel, soignant leurs corps et leurs âmes, leur portant la nourriture et les remèdes, veillant à leur chevet, les changeant de lit. A chacun d'eux il fait au front le signe de la croix, et les malades sont guéris. Une sorte de stupeur s'empare des esprits; chacun bénit et exalte le Seigneur en son nom et ne doute pas que Roch ne soit un envoyé du Ciel : on l'entoure, on le

vénère, on veut le porter en triomphe; mais lui,
se dérobant à tous ces honneurs, quitte secrè-
tement la ville et se dirige vers Césène, où sa
charité opère parmi les pestiférés les mêmes
prodiges de dévouement et de guérisons. De là, il
se met en route pour Rome, où il pensait que le
fléau sévissait avec une intensité plus cruelle
encore. Il ne se trompait pas. Écoutons les
auteurs du temps :

« On ne croira pas, dit Pétrarque, qu'il y a eu
un temps où l'univers a été presque entièrement
dépeuplé, où les maisons sont demeurées sans
famille, les villes sans citoyens, les campagnes
incultes et toutes couvertes de cadavres. Comment
la postérité le croira-t-elle ? Nous avons peine à
le croire nous-mêmes, et cependant nous le voyons
de nos yeux. Sortis de nos maisons, nous par-
courons la ville, que nous trouvons pleine de morts
et de mourants. Nous rentrons chez nous, et
nous n'y trouvons plus nos proches ; tout a péri
pendant ce peu de moment d'absence. Heureuses
les races futures qui ne voient point ces calamités
et qui regarderont peut-être la description que nous
en faisons comme un tissu de fables! Eh quoi!
Seigneur, il faut donc que nous soyons les plus
méchants hommes qui aient paru sur la terre.
Il faut que vous nous fassiez expier les crimes de
de tous les siècles, puisque vous exercez contre

nous une sorte de vengeance, qui l'emporte sur toute la multitude réunie des divers châtiments que vous avez jamais employés contre les impies. [1] »

Suivant d'autres écrivains, les deux tiers des hommes furent emportés par cette mortalité générale; il y eut des villes où il ne resta que la dixième ou même la vingtième partie des habitants, et certaines provinces furent presque entièrement changées en d'affreusses solitudes. Les premières atteintes du mal contagieux étaient des pustules qui paraissaient sur le corps, accompagnées de fièvres malignes, dont on mourait au bout de deux jours. Partout on n'entendait que des gémissements, des plaintes aiguës, des lamentations effrayantes. Enfin, ajoutent ces écrivains, il est difficile de croire qu'au temps du déluge les eaux aient détruit plus d'hommes que la peste n'en mit au tombeau dans l'espace de quatre ou cinq années. [2]

« Vivait en ce moment à Rome [3] un cardinal français du nom de Britanicus. C'était un homme qui, à sa haute naissance, joignait de nombreuses

(1) Pétrarque, l. 8, épist. fam. 7.

(2) Matth. Villani, l. 1, c. 1 et 2. — Cantacuz, l. 4, c. 8. — Cortus hist. l. 9, c. 14.

(3) Ce trait, bien que regardé généralement comme un anachronisme, nous a paru trop édifiant et légendaire pour être mis en oubli.   (Note de l'Auteur.)

vertus et jouissait auprès du Pape d'un crédit justement mérité : on le regardait comme un saint. Roch alla le trouver et reçut de lui le sacrement de Pénitence et le pain Eucharistique. Au moment où les deux saints allaient se séparer, le front de Roch resplendit tout à coup d'une divine clarté. A cette vue le cardinal se sentit saisi d'émotion, et, touché d'une profonde vénération pour le pieux pèlerin, il se jette à ses pieds et le supplie de délivrer Rome des ravages du fléau, Rome, ajouta-t-il avec instance, le siége du Christ, jadis la capitale du monde, la demeure de tant de saints, la mère des arts et des sciences, la cité de Pierre. « Mon révérend Père, reprit Roch avec une modestie touchante, Dieu seul tient entre ses mains et la vie et la mort. C'est lui qui punit les criminels et les pécheurs ; c'est lui qui protége et secourt la vertu, l'innocence et la justice ; c'est lui qui rend la santé et ramène des portes du tombeau. Priez-le donc, lui qui ne repousse point les supplications et tient sur la croix ses bras étendus pour donner le baiser de paix à ceux qui viennent à lui. » Levant alors les yeux au ciel : « O Dieu de clémence ! s'écria-t-il, bien que les prières de ce pieux cardinal aient plus de poids auprès de vous que les miennes, cependant, pour faire briller davantage l'éclat de votre gloire et la grandeur de votre nom, je n'hésite pas à joindre aux siennes mes faibles supplications : que cette cité, le siége de la sainte Église, soit par votre miséricorde et votre clémence, délivrée de ce fléau terrible, et que ce saint cardinal, en vertu du signe de votre croix, échappe à tout danger.

» Roch à ces mots trace le signe sacré de la croix sur le front du cardinal, et ce signe y demeura gravé et enfoncé bien avant comme si on l'eût imprimé avec un fer chaud. Tout le monde, à cette vue, demandait au cardinal ce que signifiait cette croix. « C'est un homme de Dieu, disait-il, qui m'en a armé pour me préserver de la peste. » Les uns l'en félicitaient, les autres l'engageaient à la faire disparaître comme une difformité sur son visage. Tout confus, le cardinal va trouver Roch et le prie de lui ôter cette croix, qui le fait tourner en dérision. « Aucun serviteur, mon père, ne tient a déshonneur de porter les livrées de son maître ; au contraire, il s'en glorifie. Les apôtres, André et Pierre, n'ont certes pas regardé comme une honte, mais bien comme une gloire d'être attachés à la croix, comme Jésus-Christ, et ils se sont réjouis de souffrir une mort si cruelle, afin de ressembler à leur maître. Saint François, homme d'une sainteté sublime, a reçu, à peine à votre âge, les stigmates sacrés, en signe de victoire et de gloire.

Comment donc éprouveriez-vous de la confusion dans ce signe, par lequel le Fils de Dieu nous a rachetés en s'y faisant attacher avec des clous et transpercer d'une lance. Faites-vous gloire plutôt d'arborer cet étendard de vie et de salut, car il est écrit : que celui qui veut entrer dans la vie, porte sa croix et qu'il suive celui qui ne s'est pas épargné. »

Ces paroles, si capables de toucher un chrétien, émurent facilement le saint cardinal, qui, loin de redemander la suppression de ce signe sur son front, s'en fit désormais un honneur et un ornement, comme il lui fut un préservatif efficace contre la contagion. Celui-ci lui offrit l'hospitalité. Roch accepta cette courtoise invitation, à la condition de vivre en liberté, sans que personne s'occupât de lui.

Roch demeura trois ans à Rome, dans une pauvre cellule, à l'écart, loin du bruit et des regards, employant tous ses jours dans la pratique de la charité à l'égard de tout le monde, sans distinction, et surtout des pauvres et des gens du peuple, dans la contemplation, la prière et la fréquentation des sanctuaires révérés. Les catacombes faisaient surtout ses délices. C'est au tombeau et auprès des corps des saints martyrs qu'il activait le foyer de sa foi et que son cœur s'armait de courage pour supporter les souffrances de la vie.

Dans ces régions souterraines et obscures, tandis qu'au-dessus de sa tête le monde en fête étalait dans la grande cité le luxe de ses équipages et la magnificence de ses futures grandeurs, l'humble jeune homme, oublié des mortels, seul sous le regard de Dieu seul, goûtait dans les suaves extases de la prière combien le Seigneur est doux pour ceux qui le recherchent. Au Colysée, il passait des journées entières agenouillé, couvrant de ses baisers et arrosant de ses larmes cette terre sacrée, engraissée du noble sang d'héroïques légions. C'est ainsi qu'à force de respirer l'atmosphère embaumée de la sainteté, son cœur s'en saturait et exhalait à son tour, dans le parfum enivrant des exemples, des suavités attrayantes qui lui gagnaient l'estime de tous et la confiance des pécheurs. C'est ainsi qu'attaché à l'imitation des types les plus sublimes, on vit en lui le cachet et les mérites du solitaire, du prédicateur de l'Évangile, du confesseur, et je dirai même du martyr dans cette constance parfaite de la souffrance volontaire.

Toute la semaine il soumettait son corps à la plus rigoureuse abstinence, portait un rude cilice et se donnait de fréquentes disciplines. Souvent il recourait aux divins sacrements, et chacun, en voyant sa ferveur, l'aurait pris pour un séraphin bien plus que pour un pauvre pèlerin de cette terre. Autour de lui s'était formée comme une véritable école de sainteté par ses leçons et ses discours. Au bout de trois ans enfin, guidé intérieurement par la voix de Dieu, Roch résolut de quitter la ville de Rome. Ses derniers adieux furent pour les tombeaux des apôtres et des saints martyrs.

CHAPITRE III

Charité et dévouement de Roch en diverses villes. — Peste de Plaisance. — Il y est lui-même atteint de la peste et chassé de la ville.

Ses pas étaient semés partout de prodiges et de miracles, et portaient les bénédictions et la santé. Rimini éprouva les bienfaits de sa sainteté et de sa puissance. A son approche, la peste semblait fuir comme les ténèbres devant la lumière, comme un ennemi devant un vainqueur redouté. Son arme était toujours le signe de la croix. C'est ainsi que furent sauvées de l'épidémie un grand nombre de villes d'Italie, et particulièrement dans le Piémont, le Milanais, les duchés de Montferra, de Mantoue, de Modène et de Parme.

Au milieu des remerciements et des acclamations, dont le serviteur de Dieu ne pouvait manquer d'être l'objet, il avait soin de s'humilier et de renvoyer toute gloire à Dieu, dont il se reconnaissait l'indigne instrument. La Providence, dont le dessein était d'éprouver plus fortement la constance de Roch, le conduisit à Plaisance, ville de Lombardie, où la peste sévissait avec une indescriptible fureur. Là, les malades n'avaient pas le temps de se reconnaître. A peine attaqués, ils tombaient sur leur couche devenue en quelques heures un lit de mort. Animé de cette foi qui transporte les montagnes et d'une charité surnaturelle, le grand serviteur de Dieu redoubla ses jeûnes, ses prières et ses austérités, et s'élança, au milieu de la foule la plus intense des malades et des cadavres, dans le grand hôpital. Malgré l'horreur de ce séjour, dont l'infection était insupportable, il ne craignit pas d'y demeurer jusqu'à ce qu'il ne restât plus une ombre de contagion. On eût dit d'un conquérant qui ne quitte le champ de bataille que quand il a vu tomber le dernier de ses ennemis. Tant de charité semblait devoir mériter du Ciel une magnifique récompense. Roch la reçut en effet ; mais les récompenses que Dieu daigne accorder à ses serviteurs ici-bas ne sont pas de celles que le monde espère. Le juste, étant destiné à devenir une de ces pierres d'or fin qui ornent la céleste Jérusalem, devait passer par le creuset des tribulations, avant d'entrer dans l'édifice du grand architecte.

Une nuit, qu'accablé de fatigue et de sommeil, Roch s'était jeté sur son grabat et y reposait, une voix lui dit d'un ton fort doux et agréable : « Roch, mon enfant, qui avez supporté pour moi les rigueurs des voyages, du froid, de la faim et des travaux de toute sorte, il faut maintenant que vous souffriez aussi d'extrêmes douleurs en vue de celles que j'ai endurées pour vous. »

A ces mots, le saint se réveilla, et aussitôt se sentit frappé, comme d'un coup d'épée dans les flancs, des douleurs atroces de la peste, qui ne lui laissèrent plus aucun repos. Levant alors ses regards vers le Ciel : « O très-doux Jésus, s'écriat-il, je vous remercie d'avoir daigné vous souvenir de votre serviteur ; je vous offre cette douleur et je la bénis comme un don de votre main : c'est une visite que vous faites à une misérable créature ; elle m'est chère, elle m'est douce ; de vous la mort est un gain. »

Cependant la douleur devint tellement intense et intolérable que le malade ne put retenir ses plaintes et ses soupirs. Le jour et la nuit la souffrance lui arrachait des cris aigus qui ne permettaient ni aux infirmiers, ni aux malades de l'hôpital de prendre un peu de sommeil.

C'est un préjugé généralement répandu que la

vertu de la souffrance consiste à étouffer la douleur dans un profond silence, et à fermer, pour ainsi dire, toute issue aux soupirs et aux autres soulagements de la nature : erreur, erreur profonde. La souffrance est d'accord avec la vertu quand on supporte avec une résignation intérieure à la volonté de Dieu, les peines, les afflictions, les maux que le Seigneur envoie : les soupirs, les gémissements, les pleurs et les larmes ne sont que les expressions de la nature souffrante et souvent un véritable soulagement, auquel il est permis de recourir, comme on recourt aux remèdes. S'il en était autrement, il faudrait retirer à Job et à Jésus, son prototype, le titre de très-patient, et une infinité d'autres attributs glorieux à un grand nombre de saints, qui, en semblables circonstances, ont manifesté leurs douleurs et le poids de leurs peines par des signes extérieurs. Chez notre saint les cris n'étaient donc pas l'indice des sentiments du cœur : quand un doigt touche les cordes d'une lyre, la lyre rend des sons doux ou graves, harmonieux ou discordants sans murmurer pour cela contre la main qui les provoque. Ainsi notre nature frappée dans son corps redit par la plainte les sensations agréables ou douloureuses qu'elle endure, sans pour cela injurier leur auteur.

Disons-le à la honte de l'humanité. La recon-

naissance est une fleur rare sur cette terre. Il
semble que dans cet hôpital, théâtre du dévouement de Roch, chacun eût dû s'empresser
de le plaindre, de l'endurer et de le soulager. Il
n'en fut pas ainsi : les administrateurs, sans
s'inquiéter s'ils attachaient à leur front la flé-
trissure de l'ingratitude, résolurent de chasser
Roch de l'établissement comme étant insupportable aux autres malades. Bientôt ce barbare
projet fut exécuté. Roch, qui ne pouvait se
traîner, ni se tenir sur pied fut inhumainement
mis à la porte, où il passa la nuit exposé aux
injures de l'air, sans le secours d'aucune main
charitable. Ce ne fut pas assez ; sa présence et
son souvenir même pouvaient devenir un reproche
à l'ingratitude. On poussa donc l'inhumanité
jusqu'à la sauvagerie la plus barbare. On décida
que, dans l'intérêt de la salubrité publique, il
était de toute nécessité d'en éloigner ce puant,
dont l'infection pouvait ramener la contagion.
Pauvre Roch ! sans force et presque mourant,
on le force de se lever ; il tombe; c'est tout comme
Jésus, son maître et son modèle dans la voie
douloureuse ; il se relève, et, ranimant le reste de
son courage, il s'appuie sur son bâton et se traîne
lentement à travers les dédains et les dégoûts des
passants, jusque hors des portes de la cité ingrate,
remerciant Dieu et le priant de pardonner à ses

habitants qui ne savent ce qu'ils font. Voilà comment le Seigneur visita son serviteur et comment les hommes le payèrent de ses bienfaits.

CHAPITRE IV

Patience de saint Roch. — Sa confiance en la Providence. — Une fontaine miraculeuse. — Histoire du chien de saint Roch. — Gothard, de seigneur, devient mendiant et ermite. — Dieu venge ses pauvres insultés.

Cependant Roch, abandonné ainsi de tous, savait bien qu'il lui restait toujours la compagnie et le secours de Dieu. Exténué de fatigue et n'en pouvant plus, il était parvenu jusqu'à une épaisse forêt, habitée par des bêtes fauves, que des chasseurs poursuivaient quelquefois. Là, il tomba aux pieds d'un cornouiller, s'y reposa quelque temps; puis, apercevant une mauvaise cabane en ruines, il s'y retira et dit au Seigneur : « O très-doux Jésus ! je sais combien je suis redevable à votre majesté de ce que vous avez daigné me faire endurer des douleurs que j'ai bien méritées. Je n'ai pas usé envers les malades de toute la charité que réclamait de moi votre amour. Dieu clément, pardonnez ma faiblesse; car quel homme pourrait égaler ses services à vos bienfaits? Ne m'abandonnez pas, ô Jésus très-bon, et ne me laissez pas, au milieu des bêtes sauvages, succomber seul et sans secours. » Dieu, qui ne laisse pas le passereau au besoin, n'abandonne jamais ceux qui le servent ; il les éprouve, mais aussi il dépose en leur cœur le germe sacré de l'espérance, qui n'est jamais confondue. Une soif ardente, causée par la fièvre, dévorait le pauvre malade. Sa voix a pénétré les nues. Voilà qu'une douce pluie tombe à la porte de sa cabane et forme un petit ruisseau. Roch s'y désaltère, s'y lave et adoucit ainsi pour quelque temps ses cuisantes douleurs. Dieu s'est plu à perpétuer ce miracle, car ce même endroit devint une fontaine qu'on voit encore aujourd'hui sous le nom de *Fontaine saint Roch,* où les malades vont puiser la santé comme dans une piscine probatique.

La divine Providence employa un autre moyen non moins miraculeux pour nourrir notre saint. Celui qui eut soin d'Élie, de Paul et d'Antoine au désert, en leur envoyant le pain quotidien par un corbeau, se servit d'un autre messager, plus intelligent et non moins fidèle, pour donner en temps opportun le pain nécessaire à la subsistance du solitaire. Non loin de la retraite de notre saint, il y avait un grand village, rempli de belles maisons de campagne, où de riches habitants de la ville s'étaient retirés pour fuir la peste.

Dans un de ces châteaux vivait un citoyen appelé
Gothard, homme de grande noblesse, fort riche,
mais juste et craignant Dieu. Il avait préféré la
campagne à la ville, pour y servir Dieu plus
facilement dans la paix, loin du bruit et de la
corruption ordinaires aux grandes cités. A son
service étaient de nombreux serviteurs, et il
nourrissait une grande meute de chiens pour la
chasse. L'un de ces animaux, son chien favori,
allait et venait en liberté dans toute la maison et
se tenait souvent auprès de son maître, quand
celui-ci prenait ses repas. Un jour que Gothard
se mettait à table, le chien lui enleva habilement
le pain qu'il tenait à la main. Le seigneur sourit
à cette hardiesse comme à une familiarité, ou à une
faim pressante, et le chien disparut rapidement,
emportant ce pain dans sa gueule. Le lendemain
et le surlendemain, la même scène se renouvela.
Piqué au vif, le maître querella ses valets de ce
qu'ils laissaient son chien mourir de faim. Mais
il n'en était pas ainsi, car il se convainquit bientôt
qu'il ne manquait de rien. Résolu donc d'observer
les démarches de l'animal, aussitôt que celui-ci
lui a encore une fois enlevé le pain, Gothard
quitte la table, suit de près son chien, qui prend
le chemin de la forêt. L'animal intelligent
déposait le pain aux mains de Roch et en recevait
en échange sa bénédiction, en inclinant la tête.

A ce spectacle, Gothard qui avait considéré cette scène en silence : « O admirable Jésus, dit-il, vos voies sont impénétrables, votre puissance infinie, votre bonté singulière et votre miséricorde immense envers ceux qui vous servent ; vous vous êtes servi du ministère d'un corbeau pour nourrir Élie ; c'est ainsi que vous comblez de bien les affamés, tandis que vous renvoyez à jeun les riches qui recherchent plus l'abondance que vous-même. »

Il s'approcha alors de la cabane, entra avec précaution, et aperçut, couché sur un lit de feuillage, un pauvre jeune homme, languissant et ne pouvant se mouvoir. Ayant demandé au malade de quelle maladie il souffrait, Roch lui répondit que c'était de la peste. A ce mot de peste, Gothard, épouvanté, sortit de la cabane et reprit en toute hâte la route de son château. Cependant, chemin faisant, de nombreuses réflexions envahirent son esprit. « Cet homme, se disait-il à lui-même, devait être un saint, puisque Dieu l'assistait si merveilleusement par le ministère d'un de ses animaux domestiques. N'était-ce pas là pour lui-même une belle occasion de soulager la souffrance ? Son chien lui-même ne lui donnait-il pas l'exemple de la compassion ? Quel meilleur emploi pourrait-il faire de ses richesses que de les consacrer au service des malheureux ? Quelle ne serait pas sa cruauté d'exposer, par une crainte pusillanime, un si grand serviteur de Dieu à mourir sans secours ? Quelle ne serait pas son ingratitude de refuser une si belle occasion de servir son prochain, même au risque de la peste ? D'ailleurs, sous la cabane d'un saint, n'a-t-il pas plus de chance de trouver la santé que la maladie, la vie plutôt que la mort ? Dût-il, après tout succomber, quel plus beau sacrifice que celui de la charité parfaite ! Tôt ou tard, il faudra bien mourir, quelle mort serait plus glorieuse ? »

Ne pouvant résister plus longtemps à ce langage de la grâce, Gothard retourna sur ses pas vers la cabane du saint solitaire : « O saint homme, lui dit-il, je le reconnais ; j'ai offensé le bon Dieu en me montrant cruel à votre égard. Me voici revenu pour rester avec vous, et je ne retournerai pas chez moi que vous n'ayez recouvré la santé. » — « Je suis heureux de votre retour, répondit le malade, j'y vois le doigt de Dieu, qui dirige les cœurs à son gré et ne laisse aucun bien sans récompense, comme aussi aucun mal sans châtiment. Vous lui serez très-agréable en voulant le servir dans ma pauvre personne : persévérez donc dans votre résolution et vous en recevrez d'amples récompenses. »

Cependant le chien avait cessé d'apporter le pain quotidien, et Gothard s'inquiétait pour son malade encore plus que pour lui-même : « Ne vous tourmentez pas, lui dit Roch, pour un avenir incertain ; ayez confiance en la Providence, qui conduit toutes choses. Prenez mon bâton, ma besace, mon chapeau et mon manteau ; parcourez tous les pays environnants, et demandez l'aumône de porte en porte. » Gothard, homme de cœur et d'énergie, était bien décidé à tout entreprendre pour plaire à Dieu et à son malade ; néanmoins un reste de respect humain enchaînait son ardeur, et, couvrant son hésitation du voile de la convenance, il observa au solitaire qu'on le connaissait partout et qu'on ne s'expliquerait sa mendicité ni par la haute sainteté, qu'il n'avait pas, ni par la misère où il n'était pas. — « Imitez Jésus-Christ, répartit l'homme de Dieu : quoique fils de l'Éternel et créateur de toutes choses, a-t-il rougi de mendier son pain aux hommes ? Et ses Apôtres, après avoir renoncé à tout, ne se sont-ils pas fait un honneur de mendier ? » Ranimé par ses paroles, Gothard, la joie au cœur, partit pour Plaisance et se mit à demander l'aumône de porte en porte. Au lieu de pain, chacun lui prodiguait les quolibets et l'outrage ; ses anciens amis eux-mêmes lui jetaient à la face les plus cruelles injures. Le voilà, disait-on, ce riche d'autrefois ; il a dissipé et dévoré follement une magnifique fortune. Que n'a-t-il nourri moins de chiens et avec moins de profusion ? On

mène un train de prince, et ensuite la femme et
les enfants meurent de faim. Eh bien! qu'il en
demande maintenant à ceux qui ont eu part à sa
ruine. « N'as-tu pas honte, lui disait-on, de tendre
ainsi la main? A ta place, j'aimerais mieux
mourir ignoré dans un coin que de me montrer
ainsi en public. Quelle effronterie de paraître
en guenilles dans un pays où ses chevaux
éclaboussaient les passants. Va, homme sans cœur
et sans pudeur, déshonore jusqu'au bout ta
famille; ce n'est pas du pain qu'il lui faut, c'est
la potence et le bourreau. » Ces outrages vomis
par ses amis les plus intimes portèrent au cœur
de Gothard, qui rentra après avoir parcouru toute
la ville de Plaisance sans avoir ramassé plus de
deux morceaux de pain, et raconta au saint sa
mésaventure. — « Celui qui vous a ainsi traité,
dit Roch, est en ce moment atteint de la peste et
en proie à de cruelles douleurs; il va mourir
aujourd'hui même. Pardonnons cependant à son
ignorance. J'irai visiter la ville et guérir les
malades dans la vertu de Dieu. Pendant ce temps-
là restez et gardez notre pauvre cabane.

CHAPITRE V

Comment la religion apprend à se venger. — Roch guérit
les hommes et les animaux. — Il initie Gothard à la vie
érémitique. — Un chagrin. — Les adieux.

Dieu venait en effet de couvrir de nouveaux
voiles funèbres la cité de Plaisance pour n'avoir
pas exercé la charité envers un pauvre de l'Évangile : la peste y promenait ses ravages. Exemple
terrible pour ceux qui, voyant mendier à leur porte
un époux ou une épouse de la pauvreté, les trai-
tent avec dureté, mépris, outrage, et quelquefois
menaces et coups. Que font ces mendiants ? dit-on,
ces moines quêteurs, ces paresseux ? Ce qu'ils
font, ils bénissent votre seuil, votre famille, votre
enfant au berceau ; ils protègent votre ville, et
sont contre la peste, la famine, la guerre et tous
les fléaux d'ici-bas, les paratonnerres de la
justice divine.

Roch n'était pas encore complètement retabli ;
à peine pouvait-il se soutenir sur ses jambes ;
mais en lui l'ardeur de la charité suppléait au
défaut de forces. Touché de compassion pour les
malheureux Plaisantins, il partit le lendemain,
dès la pointe du jour, appuyé sur son bâton, se
rendit droit à l'hôpital. Là, selon le précepte de

l'Évangile, oubliant les injures passées et attentif à rendre le bien pour le mal, il trouve pour chaque malade une parole d'aménité et de consolation, les touche, et, par le signe de la croix, leur rend la santé. Puis, parcourant la ville, il guérit tout ceux qu'on lui présentait. Au coucher du soleil, Roch quitta la ville et se dirigea vers la forêt. Un spectacle d'un genre nouveau s'offrit aux regards des spectateurs reconnaissants qui le suivaient en foule. On vit les animaux sauvages, qui étaient eux-mêmes malades, venir aux pieds du saint, et, dans une posture suppliante, lui demander leur guérison. Roch les bénit du signe de la croix, et chacun d'eux, dans son langage particulier, témoignant de sa joie et de sa reconnaissance, ils se retirèrent guéris. C'est de là qu'est venue l'habitude de recourir à saint Roch dans le temps des épizooties ou maladies des animaux.

Tant de prodiges avaient donné du pieux pèlerin une haute idée. On accourait de toutes parts pour voir ce libérateur ; on l'écoutait comme un oracle. Chacun admirait sa charité, sa constance au milieu des pestiférés : on regardait avec étonnement son compagnon Gothard, jadis riche et puissant, aujourd'hui volontairement pauvre et livré aux plus rudes austérités. Le Ciel était remercié d'avoir doté la contrée de deux hommes

d'un si grand mérite, dont les prières avaient
sauvé tant de malheureux et dont les conseils
conduisaient à la perfection.

Malgré le concours chaque jour croissant des
visiteurs vers la forêt, les deux ermites n'enlevè-
rent jamais au saint exercice de la prière une seule
des heures qui y étaient destinées. Retirés dans
un lieu écarté, à genoux devant un crucifix, ils
consacraient au Créateur toutes leurs affections. Le
reste de la journée était employé dans de saints
entretiens, accompagnés de travaux manuels,
car ils avaient en horreur l'oisiveté. Au milieu de
la nuit, à l'heure où les hommes sont plongés dans
le plus profond sommeil, ils frappaient leurs corps
de sanglantes disciplines et ne s'accordaient de
repos que celui que la nature leur arrachait par
force.

Tant de vertus et d'austérités n'étaient pas
laissées sans récompense par le juste Rémunéra-
teur. Les dévots solitaires s'encourageaient mu-
tuellement et s'étaient fait par leurs saints
épanchements un vrai paradis de délices dans
cette forêt. Loin des folies humaines, de la vanité,
des embûches, de la perfidie et de la trahison, des
sources de tentations, ils se sentaient vraiment
vivre. Telle était la vie de ces deux justes ; le
monde ne l'appréciera pas, mais qu'importent ses
jugements ? Lui-même n'est-il pas déjà jugé ? La

seule préoccupation de Gothard était l'idée d'une séparation. Chaque fois qu'il était appelé à Plaisance, il tremblait de ne pas retrouver son compagnon ; aussi se hâtait-il d'y terminer ses affaires et de reprendre le chemin de sa chère solitude, car Roch n'était pas encore complètement guéri, et il en coûtait à son affection de le laisser seul, même pour peu de temps. Cependant le Seigneur, qui voulait éprouver la constance de Gothard et ajouter de nouvelles contradictions à celle de son compagnon, avait résolu leur séparation.

Une nuit que Roch se reposait, une voix du Ciel se fit hautement entendre, qui lui cria : « Roch, serviteur de Dieu, ayez confiance dans l'assistance du Seigneur, voici que vos prières sont exaucées. Le Dieu tout-puissant veut bien vous délivrer de la peste ; dans peu vous serez guéri ; mais disposez-vous à retourner dans votre patrie. » L'accent de cette voix inaccoutumée jeta dans la stupeur Gothard, qui, dans ce moment, se trouvait éveillé. Il ne douta pas d'un miracle qui, en même temps, lui révélait le nom de son compagnon ; car, malgré toutes ses instantes prières et l'intimité de leurs affections réciproques, il n'avait jamais pu l'arracher à son humilité. Au lendemain matin, Roch se trouvait parfaitement guéri ; c'était là un témoignage indubitable de la sainteté de son ami. Il lui communiqua alors tout ce qu'il avait entendu la nuit précédente ; mais Roch le supplia, au nom de leur amitié réciproque, de ne rien dire de tout cela à personne, car il craignait que la vaine gloire n'effaçât le prix de ses mérites. Gothard le lui promit. Cependant Roch se disposait à obéir aux ordres de Dieu et parlait d'un prochain départ, dont la pensée seule brisait le cœur du pieux Gothard. Avant de le quitter, Roch voulut laisser à son ami de salutaires conseils pour l'avenir.

« Comme vous le savez déjà, nous allons nous séparer ; c'est la volonté de Dieu : je vais vous quitter, tandis que vous allez rester seul ici pour travailler à la grande œuvre de votre perfection. Rappelez-vous souvent la généreuse résolution qui vous a fait renoncer aux richesses, aux honneurs et à toutes les pompes du monde, pour suivre les traces du Divin Maître dans la pauvreté, les incommodités et le mépris. Quel malheur pour vous si vous alliez abandonner ce saint genre de vie que vous avez embrassé! Continuez-le donc, sans vous laisser effrayer par l'aspect des austérités et de la pénitence ; la grâce de Dieu ne vous manquera pas; mais n'oubliez pas que les passions ne meurent pas, parce qu'elles sont dans la solitude. Souvent reviendra à votre mémoire la souvenance du bien-être de votre palais, de l'abondance et des délices de votre table, des toilettes des femmes, l'amour de la famille et du pays, et, enfin, toutes sortes de vanités de ce genre. Armez-vous contre toutes ces attaques, d'une sainte confiance dans le secours de Dieu. Si vous voulez mettre en fuite l'ennemi des âmes, représentez souvent devant vos yeux les plaies sacrées du Rédempteur crucifié. Les jeûnes, les mortifications dompteront les sens ; les pénitences fortifieront l'esprit ; le renoncement à votre volonté propre affermira votre raison. Gravez donc bien avant dans vos souvenirs ces avis qui vous sont donnés bien plus par mon cœur que par ma bouche, et tout ce que vous inspirera le Divin Maître. Adieu, mon bien cher ami, n'oubliez pas de me recommander dans vos prières à la divine Providence, qui ne nous manquera jamais ni à l'un, ni à l'autre. Bien que séparés de corps, nous serons toujours unis en esprit. » Ainsi parla Roch ; mais Gothard exhalait sa douleur en longs soupirs de regrets, le remerciait de ses bonnes et suaves paroles. Enfin les deux amis, se serrant la main dans une affectueuse étreinte, se donnèrent un saint et brûlant baiser ; c'était le dernier.

Gothard restait donc seul dans cette cabane pauvre, mais bien riche pour son cœur, puisque c'était là qu'il avait appris à puiser les vrais trésors, ceux de la sainteté. Sans doute il n'avait plus le consolateur de ses peines, mais il possédait toujours au cœur la joie qu'y avait versée son ami. Pour se ranimer dans les heures de souffrances, il rappelait les souvenirs de son bienheureux compagnon. « Cette terre que je foule, disait-il, à été sanctifiée par son contact ; ces arbres ont été témoins de ses pénitences ; l'atmosphère que je respire reste embaumée des parfums de ses saints entretiens et de ses prières. C'est ici qu'il a dompté sa chair, ici qu'il a vaincu ses sens. Là, il se retirait pour converser avec son Créateur, dans la compagnie des Anges ; tous les environs exhalent encore la suavité de ses pieux colloques, et j'hésiterais un seul instant à demeurer seul dans un sanctuaire si divinement béni. Courage donc, ô Gothard, bien que seul, tu ne cesse pas d'être inondé, par tout ce qui t'entoura, des mérites de Roch qui prie toujours pour toi et t'obtiendra la protection du Ciel dans tous tes besoins. » C'est dans de pareilles pensées que Gothard ranimait son courage et son cœur abattus par le chagrin de la séparation.

Gothard, de l'illustre famille des Palastrella, continua sa vie solitaire. Après sa mort, ses concitoyens le vénérèrent comme un saint, et dans l'église de Sainte-Anne, à Plaisance, on voit son image peinte, avec celle de son ancien compagnon, sur les murs d'une chapelle.

CHAPITRE VI

Roch retourne dans son pays. — Comment il y est reçu. — Sa
prison. — Sa résignation admirable dans ses tourments.—
Ses geôliers le visitent.

Cependant, fidèle aux ordres d'en haut, Roch
s'était mis en route, le cœur gros d'avoir perdu
son ami, et prévoyant dans l'avenir de nouvelles
croix plus lourdes encore. Comme un autre
Alexis [1], il fallait qu'il reçût de sa famille même
les épreuves les plus douloureuses. Cette voix du
Ciel, qui lui avait commandé de partir, le
soutenait uniquement; et, bien que devant lui
l'horizon fût chargé de nuages et qu'il prévît les
outrages, les dangers et les malignités qu'il aurait
à subir de la part des ennemis, maîtres de toutes
les provinces du Midi de la France, il marchait
plein de confiance dans le Seigneur. Les guerres
désolaient, en effet, nos pays méridionaux, et chacun vivait en de grandes craintes d'être surpris

[1] Alexis, noble romain, quitta sa famille le jour de son
mariage. Après dix-sept ans d'absence, il revint sous l'habit
de mendiant. On lui donna pour loger un dessous d'escalier :
il vécut dix-sept autres années dans ce réduit. A sa mort, on
trouva sur lui son nom et l'histoire de ses voyages.
(Note de l'Auteur.)

par ses ennemis, en sorte que le saint pèlerin
pouvait courir risque de la mort même. Mais peu
lui importait-elle : il était décidé à tout pour
satisfaire au commandement du Ciel.

Dès son arrivée dans la province de Nar-
bonne, il entra dans une église pour y faire
ses prières, selon sa coutume. Mais son habit le
rendit suspect ; on le prit pour un espion dé-
guisé en mendiant pèlerin. Il est immédiatement
arrêté et conduit au gouverneur, qui relevait de
Montpellier, l'ancienne principauté de ses pères.
On l'interroge sur sa condition, le but de son
voyage, son origine, sa patrie et son nom. A
chaque question, il répond imperturbablement qu'il
est un pèlerin et un serviteur de Jésus-Christ.
Ce silence affecté de son nom, cette espèce de
réserve dans ses paroles confirmèrent les juges
dans leur soupçon : le mendiant ne pouvait être
qu'un espion. Dire les injures, les outrages, les
mauvais traitements dont il fut l'objet est chose
impossible. On le lia comme un malfaiteur et un
coupable de lèse-majesté, et la moindre injure
qu'on lui jetait à la face lorsqu'il passa par les
rues de la cité, fut de le flétrir du nom de traître,
sans compter les coups de pied, les soufflets et les
coups de poing qui lui étaient prodigués sans
réserve.

Cependant le prince - gourverneur fut averti

de ce qui se passait. Naturellement ombrageux, il l'était devenu bien davantage dans ce temps de guerre, où tout voyageur était suspect ; il ordonna donc de jeter le pèlerin en prison, ce qui fut aussitôt exécuté. Ce saint ami de Dieu fut donc descendu dans un cachot souterrain, à peine éclairé par un rayon de lumière, et dont les parois ruisselaient de toute part d'une humidité infecte et meurtrière. Non contents de ce barbare traitement qui, à lui seul, eût suffi pour tuer la victime, pour comble d'horreur les bourreaux lui attachèrent des fers aux pieds et aux mains, de manière à le priver de tout mouvement dans un continuel supplice.

Inutile de dire que notre saint se prêta à ces affreux traitements avec le même empressement que les plus ardents martyrs couraient à la mort ou aux travaux forcés. Dieu était satisfait de sa conduite, et l'avait marqué du sceau authentique de sa grâce : Roch n'avait donc plus besoin de souffrir davantage pour gagner le Ciel. Il lui suffisait maintenant de découvrir son nom pour se soustraire à ces traitements trop cruels, qui bien vite se changeraient en caresses amoureuses. Mais non ; dès qu'il fut seul dans son souterrain horrible, il tomba à genoux au milieu des scorpions et des crapauds dégoûtants, baisa ses lourdes chaines, adressa au Seigneur une hymne d'actions de grâce, et le supplia par l'intercession de la Vierge Marie de lui donner jusqu'au bout la patience et la fidélité. Dieu entendait ses prières, et sa bonté qui mesure l'haleine des vents à la toison des brebis, proportionna ses grâces à la grandeur des épreuves : c'est dire qu'elles furent immenses de part et d'autres.

Dans l'horrible réduit de son humide souterrain, le prisonnier, chargé de fers et de chaînes, fut l'objet sur lequel les barbares geôliers concentrèrent leur fureur. Il devint pour eux comme un point de mire. Des outrages, ils passaient aux coups et le frappaient avec un bâton noueux. La nourriture, quand on songeait à lui en porter, consistait en du pain dur et moisi, un peu d'eau croupie pour boisson. Cependant, patient comme un autre Job, loin de murmurer, Roch remerciait le Ciel et demandait non pas la fin, mais l'accroissement de ses peines. Voilà, lecteurs, ce que Dieu opère dans ceux qui l'aiment. Non-seulement ils se délectent de leurs épreuves, mais ils les sollicitent.

Notre saint, au milieu de ses souffrances, ne se départit pas du genre de vie qu'il s'était imposé dès son entrée dans son cachot, continua ses méditations, ses austérités et ses pénitences pendant le jour ; et, la nuit, il la passait en oraison : ses chaînes lui servaient de discipline ; ses habits empoisonnés par l'humidité jointe à un froid glacial, formèrent le martyre de ses membres.

« Mon très-doux Jésus, s'écriait-il souvent, je vous rends grâce de l'immense amour que vous témoignez à votre indigne serviteur par toutes ces souffrances; elles me sont douces, puisqu'elles me viennent de votre main libérale. Je voudrais avoir la force et une longue vie pour souffrir encore davantage et correspondre ainsi à votre amour. Vous avez souffert des douleurs bien plus atroces et jusqu'à la mort même pour me procurer la vie éternelle. Vous m'avez proposé, dans votre saint Évangile, d'aller à vous directement, avec la croix sur les épaules, c'est-à-dire avec les souffrances. Ne serais-je pas un ingrat de refuser pour vous complaire ces tourments passagers au prix desquels vous avez daigné attacher une récompense sans fin ? »

C'est ainsi qu'il adoucissait l'amertume de ses peines; mais une de ses plus grandes afflictions était de ne pouvoir venir en aide aux autres prisonniers, dont il entendait, à travers les murailles lézardées, les hurlements et les cris de désespoir. Il s'efforçait de son mieux de les ramener à l'espérance et à la confiance en Dieu. « Bien-aimés compagnons, leur criait-il de toutes ses forces, ayez patience; vos peines peuvent vous acquérir de grands mérites auprès du Seigneur : offrez-lui vos misères;

les afflictions passent et la récompense est éternelle ; les outrages, les coups et la mort se chan-
geront en une gloire sans fin. Courage ! pour des
travaux d'un jour, une couronne immortelle. »

Ces cris consolateurs parvenaient jusqu'à ces
infortunés et leur inspiraient une patience sur-
humaine. A leurs plaintes et à leurs blasphèmes
succédèrent la résignation, la prière et les louanges
du Créateur. Leur prison ne paraissait plus un
repaire de criminels, mais un sanctuaire de martyrs, tant ils étaient disposés à accepter la mort ;
bien plus, c'est qu'ils la désiraient, en se plaignant
de la prolongation de cet exil qui les séparait de
leur éternelle patrie.

La prison du pieux pèlerin dura cinq ans ;
pendant cinq ans il en supporta les horreurs avec
une invincible constance, persévérant dans ses
oraisons et ne cessant d'exhorter les autres captifs
à la patience. Ni le gouverneur, ni ses ministres,
ne pensèrent plus à lui, soit pour le relâcher, soit
pour le condamner, lorsqu'un jour les gardiens,
touchés de compassion pour l'état pitoyable des
prisonniers, visitèrent les cachots. A la vue de ces
horribles souffrances négligées, ils ne purent s'empêcher de dire :

« Ce n'est plus aujourd'hui cet amour de nos
princes d'autrefois ! Oh ! si notre Jean était vivant
ainsi que sa chère compagne ; si notre prince

Roch régnait, lui si rempli d'humanité et de tendresse, il ne laisserait pas maigrir ainsi ces malheureux dans les langueurs et sous le poids de leurs chaînes. La douceur de son caractère nous promettait un gouvernement pacifique et indulgent. Mais qu'est devenu ce bon seigneur? qui le saura jamais? Heureux le pays qu'il habite; bienheureux ceux qui le possèdent sous leur toit. Nous n'étions pas dignes d'être ses sujets, voilà pourquoi le Ciel nous l'a ravi. Ses parents ont dû sa naissance à leurs prières et à leurs larmes, et nous, nous devons sa perte à nos fautes. »

Roch entendait ces paroles; et l'on peut facilement s'imaginer ce qu'elles jetaient de peines dans son cœur; c'étaient autant de glaives qui le déchiraient. Un mot de sa bouche, en révélant son nom, aurait suffit pour calmer toutes ces amertumes; il ne le dit pas, dans la crainte de perdre le moindre de ses mérites.

CHAPITRE VII

Une chose merveilleuse. — Épuisement du prisonnier. — Les Anges le visitent. — Faveur qu'il sollicite. — Sa mort.

Dieu, touché enfin des longs travaux de notre saint et satisfait de son admirable constance poussée jusqu'au plus sublime degré, résolut de le délivrer entièrement. Et comme c'était pour l'amour de Notre-Seigneur que le saint homme avait exposé sa vie mortelle à tant et de si grands dangers, et qu'il l'avait consumée dans les souffrances et les travaux de toute sorte, Dieu permit que le monde vit un des rayons de cette gloire, dont Roch devait être couronné dans la béatitude éternelle.

Un jour que le geôlier portait au saint un peu de nourriture, à peine eut-il entr'ouvert la porte, que ses yeux sont subitement éblouis d'une lumière resplendissante. S'étant avancé peu à peu pour en découvrir la cause, quelle ne fut pas sa stupéfaction de voir le lit du saint devenu comme un foyer lumineux d'où s'échappaient des rayons brillants qui illuminaient toute la prison ! Saisi d'un saint respect, il n'osait ni l'approcher, ni lui parler ; mais il se sentit pénétré jusqu'au fond du cœur d'un tel sentiment de compassion et de tendresse, que des larmes abondantes s'échappèrent de ses yeux. Il ne douta pas alors d'avoir devant lui, dans ce prisonnier inconnu, un grand saint, en pensant que, pendant tant d'années passées dans une si horrible misère, il n'avait jamais cherché à défendre son innocence et qu'il avait souffert, avec une si admirable résignation, tant de traitements cruels.

Le rayonnement qui s'échappait du corps du

prisonnier pénétra jusque dans les cachots voisins, à travers les fentes de la muraille. Surpris de cette lumière céleste, les prisonniers se sentirent remplis d'une subite allégresse ; chacun se mit à pousser des cris d'admiration, glorifiant la Majesté divine qui, par un si admirable prodige, avait voulu signaler hautement et prouver l'innocence du pieux pèlerin. Ils se firent recommander à son intercession auprès de Dieu. Cependant le geôlier, tout émerveillé, sortit de la prison en disant par toute la ville qu'il avait vu un saint. Le peuple, aussi mobile dans ses jugements que dans ses affections, qui porte aujourd'hui jusqu'aux nues ceux qu'il a renversés hier dans la boue, ou qui brise sans façon l'idole de ses mains, le peuple, jadis insulteur acharné de Roch, devient tout-à-coup son défenseur et se plaint hardiment et en tumulte de la cruauté du gouverneur qui retient si longtemps dans les chaînes un innocent, sans instruire sa cause. Mais notre saint se consolait et bénissait le Seigneur d'avoir daigné le visiter avec tant de gloire. Le terme de ses épreuves approchait indubitablement ; cette lumière qui l'avait environné n'était qu'un rayon de celle qui inonde la face des élus en la présence du Seigneur. Une faiblesse extrême le réduisit aux portes du tombeau. Alors, il chargea le geôlier d'aller trouver le prince et de le supplier, en son nom, de lui envoyer un prêtre afin de pouvoir, avant de mourir, régler les derniers intérêts de son âme. Cette grâce lui fut accordée ; car, à ces époques, malgré les perturbations politiques, les convictions religieuses étaient restées ardentes et la foi pure. A la vue du ministre sacré, Roch, saisi d'un saint respect, demanda une bénédiction et la permission de se confesser. Ah ! se confesser ! que pouvait accuser un saint rempli de tant de vertus et de mérites ? C'est vrai ; mais l'humilité, l'édification d'autrui, le précepte de la sainte Église, la satisfaction de sa dévotion particulière, lui faisaient un devoir d'accomplir ce dernier acte de la vie du chrétien. Cependant le mal empirait avec rapidité et le saint se disposait à rendre sa belle âme à son Créateur ; mais le Ciel voulait entourer ses derniers instants d'un miracle plus éclatant que tous les autres.

Il ne fallait pas qu'une vertu aussi parfaite restât cachée aux yeux des hommes, et qu'une innocence aussi admirable restât sans justification de la part de Dieu.

Roch allait rendre le dernier soupir lorsque le Ciel s'ouvrit devant lui ; un ange en descendit et les neuf chœurs firent entendre les plus délicieux concerts. Cés accents ranimèrent son âme expirante. « Roch, lui dit le messager divin, voici l'heure où tu vas jouir de la récompense de tes

glorieux travaux et de tes souffrances. La miséricorde de Dieu ne veut plus te laisser languir plus
longtemps dans ce cachot. Aujourd'hui même va
s'ouvrir pour toi la céleste patrie, et pour que tu
n'en puisses nullement douter et que tu aies une
garantie de l'assurance de cette grâce, demande
au Seigneur la faveur que tu voudras, et elle te
sera accordée sur le champ.

A ce témoignage d'une telle miséricorde de la
part de Dieu, son âme fut inondée d'une sainte
allégresse, et, comme pendant toute sa vie il avait
brûlé d'amour pour le prochain, sa dernière
pensée fut encore pour ses semblables. Loin de
penser à lui-même, il ne pense qu'aux autres.
« Seigneur, dit-il, puisque vous accordez une
telle faveur à votre pauvre petit serviteur,
permettez-moi de vous demander : « *Que
quiconque étant atteint de la peste ou en
danger d'en être atteint, invoquera mon nom
avec foi, en soit délivré.* » A peine eut-il
prononcé ces paroles, qu'il se mit dans l'attitude
du plus profond respect, puis, soulevant ses
regards vers le Ciel, et pressant amoureusement
le crucifix sur son cœur, il expira. Roch avait
trente-deux ans, c'était en 1327. O mort ! ô que
tu es douce pour les saints ! Pour eux, tu n'as
plus d'aiguillon ! Pour eux, tu es la victoire après
le combat, le triomphe après la lutte, la gloire

après l'abjection; pour eux tu n'es plus la mort; pour eux tu es la vie.

CHAPITRE VIII

Prodiges. — Tablette merveilleuse. — L'opinion publique. — Nouvelle de sa mort. — Stupéfaction du gouverneur; son désespoir. — Comment Roch est reconnu.

A peine la belle âme de saint Roch était-elle dans les bras de son Dieu, que de merveilleux prodiges éclatèrent dans sa prison. Au milieu de clartés magnifiques qui avaient changé l'obscurité en un jour resplendissant, les esprits célestes entonnèrent de suaves mélodies et répandirent dans le cachot les parfums les plus embaumés. Pour prouver au monde d'une manière indubitable, la sainteté du pieux jeune homme, un ange, sur l'ordre de Dieu, écrivit en lettres d'or sur une tablette le nom de Roch avec ces paroles :

Peste laborantes ad Rochi patrocinium confugientes contagionem atrocissimam evasuras significo.

Je déclare que tous ceux qui, étant atteints de la peste même la plus terrible, recourront à la protection de Roch, en seront délivrés.

Douce et consolante promesse, attestée par la liturgie sacrée, qui, dans l'office de notre saint, dit hautement : « *Seigneur, qui avez fait*

*graver sur une tablette par la main même
d'un ange que vous promettiez au glorieux
saint Roch de préserver de la peste quiconque
invoquerait son nom, daignez, par les mérites
de son intercession, délivrer nos corps de ce
fléau mortel et nos âmes du fléau du péché.
Ainsi soit-il.*

La prison devint le théâtre d'un sublime
spectacle : d'un côté, le corps vénérable gisant sur
son grabat, au milieu d'un océan de lumières ; de
l'autre, les harmonies célestes mêlées aux harmonies des prières et des soupirs des prisonniers,
qui imploraient avec confiance la protection du
défunt. Bien différent était l'aspect de la cité ;
tout le peuple qui ignorait encore ce qui s'était
passé n'avait de louanges que pour le prisonnier
et de reproches que pour le prince : on accusait
celui-ci de cruauté ou de tyrannie à l'égard de
cet inconnu. Ces bruits ne manquèrent pas
d'arriver jusqu'aux oreilles du gouverneur.
Craignant que l'émotion populaire ne dégénérât
en révolte ouverte, il donna l'ordre de faire sortir
de prison le pèlerin.

Dans ce but, les gardiens y étaient descendus
et, voyant le corps du saint expiré resplendissant
d'une brillante lumière et exhalant une suave
odeur, se jetèrent à genoux pour lui rendre
hommage ; puis, tout remplis de stupeur comme

avait fait le geôlier, ils s'en vont par la ville
publier les merveilles de la prison et de la
sainteté du prisonnier.

Dès que le prince eut connaissance de cette
nouvelle, il se sentit pénétré d'une douleur
profonde d'avoir tant tardé à rendre la justice
et la liberté à cet homme innocent; mais il voulut
néanmoins s'assurer par lui même de la vérité des
prodiges annoncés. A peine avait-il touché le seuil
de ce sanctuaire lumineux qu'il fut frappé de la
gloire du saint corps, et qu'il se prosterna à terre
pour le révérer en se frappant la poitrine dans
un sentiment d'amer regret de son inhumanité.
Pendant quelques instants il resta immobile dans
une muette contemplation, lorsque tout-à-coup
ses regards tombèrent sur la céleste inscription où
se trouvait gravé l'aimable nom de Roch.

Impossible de décrire l'émotion produite sur
son cœur. Les cris de la conscience agitée de
remords, le regret, la voix de l'innocence et celle
du sang, tout se réunissait en un moment pour
écraser le prince stupéfait. Ses yeux versent des
torrents de larmes ; puis lui-même se jette sur le
corps inanimé, l'étreint dans ses bras, inondant
le saint visage de larmes et de baisers brûlants
d'amour et de repentir. C'était une scène à fendre
le cœur. « O mon neveu ! s'écriait-il, mon cher
neveu, j'ai donc été votre tyran et votre bourreau

en échange du don que vous m'avez fait de vos domaines! Votre libéralité a été sans borne, et mon ingratitude l'égale. Non; jamais je ne survivrai au chagrin d'avoir été ainsi la cause de la mort de mon plus proche parent, et encore innocent. Pauvre Prince! Votre plus cruel ennemi pouvait-il vous imposer de plus durs traitements que vous n'en avez reçu de moi dans votre propre palais? Oui, c'est moi le barbare qui vous a donné la mort. O grand saint! de grâce, pardonnez à votre oncle cruel; pardonnez les offenses dont il s'est rendu coupable envers vous. »

Étouffé par ses sanglots et sa douleur, le prince tomba évanoui et comme à demi-mort entre les bras de ses courtisans. On l'emporta au palais, et la mère du prince fut vite informée de ce qui se passait. Dieu semblait l'avoir conservée à la vie afin qu'elle fût spectatrice des grandeurs de son neveu et qu'elle pût rendre d'irrécusables témoignages. Conduite elle-même à la prison toujours lumineuse, dès qu'elle fut auprès des restes vénérés du défunt, elle lui découvrit la poitrine et revit avec admiration ce signe de la croix imprimé dès la naissance de Roch, preuve sans réplique de son identité. Des larmes de douleur et de tendresse inondèrent son visage, et, comme la prophétesse Anne et le vieux Siméon, elle pouvait entonner son *Nunc dimittis.*

CHAPITRE IX

Funérailles. — Miracles. — Honneurs rendus à sa mémoire.
Les Pères du Concile de Constance.

Alors on se mit en devoir de sortir avec beaucoup d'honneur le défunt de la prison pour le transporter au palais. On l'exposa dans la plus belle salle, pompeusement ornée, à la vue de tout le monde. Une foule immense, venue de la ville et de la campagne, et des pays environnants, se porta vers le palais qu'elle semblait vouloir assiéger. C'était à qui rendrait plus de respect à ces restes sacrés, les uns par leurs prières, les autres par leurs larmes; ceux-ci par leurs louanges, ceux-là par leur confiance. On s'estimait heureux de baiser ses pieds et ses mains et de toucher une partie de ses pauvres vêtements, qui n'auraient pas manqué d'être mis en pièce, si de nombreux gardiens n'eussent réprimé ce zèle indiscret. La dévotion des fidèles était telle qu'ils ne pouvaient se rassasier de le contempler. Cependant, au bout de quelques jours, l'église fut ornée de tentures magnifiques pour y recevoir les précieuses dépouilles. Un cortége immense, composé des seigneurs, du prince, de sa mère, accompagnait le cercueil au milieu d'une population innombrable ; le corps était porté par quatre évêques revêtus de leurs plus riches habits pontificaux et suivis d'un nombreux clergé, dont les hymnes d'allégresse faisaient de ces funérailles une marche triomphale. Chacun proclamait la sainteté de Roch et se recommandait à son intercession. Quand on fut arrivé à l'église, on déposa le cercueil sur un magnifique catafalque au milieu d'un océan de lumières. Le Ciel voulut prouver au monde la sainteté de son serviteur. Pendant la célébration même des saints mystères, un grand nombre d'aveugles recouvrèrent la vue, des malades furent guéris, des boiteux et des paralytiques retrouvèrent l'usage de leurs membres, des possédés furent délivrés.

Après la messe, les précieux restes furent déposés dans un magnifique mausolée autour duquel les fidèles ne cessèrent de répandre leurs prières et de puiser des grâces de toute sorte. C'est ainsi que fut honoré, aussitôt après sa mort, ce prisonnier délaissé, ce pèlerin méconnu et naguère insulté.

De nombreux miracles s'opérèrent par l'intercession de saint Roch, et la piété reconnaissante ne tarda pas à lui élever un magnifique temple où les populations venaient déposer leurs offrandes. Beaucoup d'églises se bâtirent en son honneur en différentes provinces en souvenir du nombre incalculable de pestiférés qui ont dû leur guérison à son intercession.

Un de ces faits miraculeux a reçu dans l'histoire un retentissement trop universel pour ne pas être rapporté ici :

C'était à l'époque où l'élection simultanée de plusieurs Papes à la fois déchirait le sein de l'Église catholique par un schisme terrible. Tout l'univers entier ne savait auquel on devait obéissance ; de là, l'ébranlement de la foi dans les âmes [1]. En outre, l'hérésie de Jean Huss levait fièrement la tète et semait avec succès ses funestes erreurs dans l'Église de Dieu. Un Concile fut jugé

[1] Depuis le Concile de Pise, la chrétienté se trouvait partagée en trois obédiences : celle de Jean XXIII, qui comprenait la France, l'Angleterre, la Pologne, la Hongrie, le Portugal, les royaumes du Nord avec une partie de l'Allemagne et de l'Italie ; celle de Benoît XIII ou Pierre de Lune, qui était composée des royaumes de Castille, d'Aragon, de Navarre, d'Écosse, des îles de Corse et de Sardaigne, des comtés de Foix et d'Armagnac ; celle de Grégoire XII ou Ange Corrario qui conservait en Italie plusieurs villes du royaume de Naples et toute la Romagne, c'est-à-dire tout le canton soumis aux seigneurs Malatesta ; en Allemagne, la Bavière, le Palatinat du Rhin, les duchés de Brunswick et de Lunebourg ; le landgraviat de Hesse, l'électorat de Trèves, une partie des électorats de Mayenne et de Cologne ; les évêchés de Worms, de Spire et de Verdun, sans compter un grand nombre de particuliers, *gens,* au rapport de saint Antonin, éclairés et craignant Dieu, qui regardaient toujours Grégoire comme le vrai pape.   (*Rohrbacher.*)

nécessaire pour parer à tous ces maux et pour
extirper ces erreurs jusque dans leur racine. Ce
fut la ville de Constance qui fut choisie pour le
siége et la réunion des Pères du Concile. Il se tint
sous la présidence du pieux Jean Gerson, l'an
1415, et anathématisa l'hérésie et ses adhérents.
Mais Dieu permit que la peste envahit la cité. Les
Pères, épouvantés et voulant éviter à l'Église un
nouveau désastre, songeaient à se retirer. Ils
étaient sur le point de mettre cette décision à
exécution, quand un jeune homme, allemand d'o-
rigine, s'avisa, sous l'inspiration d'en haut, d'aller
trouver les Pères du Concile avec une image de
saint Roch et leur parla avec un ton d'autorité
au-dessus de son âge : « Voilà, dit-il, celui qui doit
vous délivrer du fléau que vous cherchez à éviter
par la fuite. Ne craignez pas la mort ; recourons
à l'intercession de saint Roch dans le jeûne et la
prière. Ordonnez par la ville des processions publiques, et promettez, si Dieu daigne exaucer nos
prières, d'élever un temple en l'honneur de votre
saint libérateur. »

Le Pape, qui présidait le Concile en personne,
vit dans ces paroles l'expression miraculeuse de
la volonté divine ; et, plein de confiance, il
commença par décréter l'érection d'une église en
l'honneur de saint Roch, conformément au vœu
du jeune enfant. Dès que la première pierre en

fut posée et que la population, escortée des Pères du Concile, eut organisé les processions et les prières publiques, un changement subit et prodigieux s'opéra dans l'état hygiénique de la ville : aucun des pestiférés ne succomba au fléau ; la contagion disparut : *Quo facto*, dit Baronius, *pestis mox evanuit,* et il ne fut plus question ni pour le Pape ni pour les Pères de quitter Constance. Le doigt de Dieu était là, qui voulait manifester la sainteté de son grand serviteur. Le Chef de l'Église le comprit ; et sans demander des preuves plus nombreuses, il décida de l'inscrire au catalogue des saints. Martin V, non-seulement intimement convaincu des mérites et de la gloire de notre saint, mais encore émerveillé de l'évidence d'un miracle aussi éclatant, rendit solennellement un décret, en vertu duquel il déclarait saint Roch digne d'un culte universel et permettait de placer ses reliques sur les autels.

Déjà le bruit de ses nombreux miracles retentissait de toutes parts, et surtout en France, où il n'y avait pas une cité qui ne lui eut élevé un sanctuaire. En peu de temps son culte devint général et s'étendit jusqu'aux extrémités du monde, et loin de s'affaiblir à travers les âges, chaque siècle semble lui ajouter une ferveur plus grande qui n'est à jamais été sans récompense. La France, l'Italie, la Belgique, l'Espagne, l'Allemagne et les contrées les plus lointaines des Amériques rediront à tout jamais les glorieux bienfaits de son efficace intercession. Depuis la terrible invasion du choléra en France, en 1832, jusqu'à ces dernières années, nous avons été témoins oculaires du secours que le Ciel a daigné apporter à nos maux par l'invocation du glorieux saint Roch, comme nous allons le voir plus longuement dans le chapitre suivant.

CHAPITRE X

Ses reliques. — Ruse des Vénitiens. — Confréries.— Dévotion d'Arles, de Montpellier, de Paris et de la France entière. — 1832 et les années suivantes.

Ce fut donc l'an 1327 de Notre-Seigneur que notre Saint laissa à la terre ses dépouilles mortelles, tandis que son âme, riche de mérites et de vertus, allait jouir au Ciel de la gloire réservée aux élus. Son corps vénéré fut inhumé, à la requête de ses vassaux, dans une église de Montpellier, en sorte que les habitants qui n'avaient pas eu le bonheur de le voir pendant sa vie eurent au moins la consolation de révérer ses précieux restes après sa mort.

L'illustre renommée de saint Roch faisait envier ses reliques par les Républiques même les plus riches et les plus florissantes, qui les préféraient aux diamants et aux perles les plus rares. La ville de Venise même ne recula pas devant un pieux larcin, qui caractérise bien les mœurs de l'Italie, au XVe siècle et donne la mesure de l'importance attachée à ces ossements sacrés. C'était en 1485, exposés plus qu'aucun autre peuple aux dangers des épidémies par suite de leur commerce continuel avec l'Orient, les habitants de Venise, d'ailleurs parfaitement instruits du pouvoir surnaturel de saint Roch par la vie que Fr. Diedo, un de leurs compatriotes, venait de publier, résolurent de s'emparer des reliques dont Montpellier ne voulait se dessaisir à aucun prix. Douze d'entre eux, dit-on, déguisés en pèlerins, vinrent dans la patrie de saint Roch, sous le prétexte d'implorer sa protection. Abusant de la confiance avec laquelle on les laissa approcher du dépôt sacré, ils parvinrent à le dérober, et l'emportèrent furtivement à Venise. Grande fut la joie du peuple de Saint-Marc! Le nouveau palladium fut reçu en grande pompe, au milieu des démonstrations de la joie la plus vive, et on bâtit en son honneur une somptueuse église. (1)

Aussitôt on établit une confrérie qui eut ses

(1) *Vie de saint Roch*, Paris, 1731.

statuts, ses ordonnances, son grand Prévost, ses prières, ses priviléges et ses indulgences; et sur ce modèle, l'Europe entière en forma diverses autres sous le patronage du Guérisseur universel : toutes se sont distinguées d'âge en âge par leur charité et leur dévouement au soulagement des pauvres et des malades et leur confiance dans leur saint protecteur.

En l'an 1372, le maréchal de Boucicault, ami dévoué des Pères Trinitaires de la Rédemption des captifs, connus en France sous le nom de Mathurins, procura à leur couvent d'Arles les principaux membres de ce glorieux confesseur, qu'il avait acceptés en récompense des services rendus au Languedoc. C'est de là que le Pape Alexandre VI, en 1501, en fit tirer un ossement pour être porté au royaume de Grenade, en Espagne, afin qu'il lui servît de défense et de protection contre les irruptions des Sarrazins et des Maures. De là Guillaume le Vasseur, chirugien de François 1er, en 1533, obtint une autre ossement qu'il donna à l'église de Villejuif, où se fait tous les ans, le premier dimanche de mai, un grand concours en l'honneur de saint Roch. Les Trinitaires de Marseille et de Douai ont eu une partie de son chef ; un os a été transporté à Rome, en 1575 ; un autre à Turin, en 1620 ; plusieurs églises de Paris, celle des Grands-Carmes et de saint Roch, ont reçu plusieurs portions de ce trésor ; et sous le cachet authentique des Ordinaires, ces reliques partagées ont enrichi tous les diocèses de France, nous dirions presque toutes les paroisses.

A Arles, les religieux qui en avaient la garde étaient liés avant la Révolution, par la menace d'excommunication, qui leur interdisait d'en aliéner la moindre parcelle. Elles échappèrent aux profanations de 1793, par une providence particulière avec leurs sceaux d'authenticité. Mais la châsse en vermeil qui les renfermait a été la proie de révolutions : elle était surmontée d'une statue en vermeil, représentant saint Roch. Actuellement ces reliques sont sous la garde et en la possession des deux autorités ecclésiastiques et civile, qui ont chacune une clé du reliquaire, de manière que le concours des deux est rigoureusement nécessaire pour en obtenir. [1]

En 1839, le trésor des reliques de la ville d'Arles, un des plus riches de France, ayant été vérifié et reconnu par l'autorité ecclésiastique, on y a trouvé une très-grande partie du corps de saint Roch.

« L'excellente population, dit Germain, qui depuis la mort du célèbre confesseur n'avait cessé de se transmettre d'âge en âge comme un précieux trésor, les suaves légendes et les patriotiques souvenirs

[1] *Notice sur la Vie de saint Roch*, par M. le Curé de Saint-Roch, à Montpellier.

concernant sa personne, qui gardait en dépôt ses cendres miraculeuses et son vieux bâton, qui respectait sa maison à l'égal d'un temple et ne passait jamais sans incliner dévotement la tête devant la place où il reposait quand on l'arrêta pour le plonger dans un cachot, » ne pouvait manquer d'en recevoir des marques d'une protection spéciale, ni rester en arrière dans les témoignages de sa reconnaissance.

Non-seulement dès l'an 1328, l'oncle de saint Roch, expiant sa faute par ses larmes, lui éleva une église où s'opérèrent d'insignes miracles; mais, au XIVᵉ siècle même, on trouva dans le bréviaire de Maguelone la fête de saint Roch fixée au 16 du mois d'août. En outre, l'an 1505, les habitants, menacés de la peste, se portèrent en procession à une chapelle située hors de la ville, pour implorer le secours de leur puissant compatriote, et un habitant y fonda la célébration d'une messe à perpétuité.

En 1640, les consuls firent un vœu solennel, le dimanche 27 mai de la même année, par lequel ils s'engagèrent « à orner une chapelle en l'honneur de saint Roch, dans la cathédrale de Saint-Pierre, et à venir en robe rouge, au jour de la feste dudit sainct, pour y renouveler le présent vœu, confés et communiez, exortant leurs successeurs, à l'advenir, de faire le semblable à pareil jour. » Un tableau commémoratif perpétua, jusqu'à ces derniers temps, le souvenir de ce vœu.

Plus tard ce vœu, au lieu de s'accomplir dans la cathédrale de Saint-Pierre, se fit dans l'église paroissiale de Notre-Dame où était une chapelle consacrée à saint Roch. Pendant la peste de 1721, les consuls viguiers, qui faisaient célébrer une messe quotidienne dans cette même chapelle y placèrent un tableau avec cette inscription :

BEATO ROCHO
CONCIVI SANCTISSIMO
CIVIT. ET COSS. MONSPELL.
OPEM QUAM SÆPIUS EXPERTI SUNT
CONTRA IMPENDENTEM LUEM IMPLORANT

Au bienheureux Roch, leur concitoyen très-saint, la ville et les consuls de Montpellier demandent instamment ce qu'ils ont souvent obtenu, son secours contre la peste menaçante.

En 1829, on érigea une succursale en cure de seconde classe.

En 1838, une translation des saintes reliques, reçues d'Arles, se fit avec une pompe dont le souvenir est resté gravé dans la mémoire des populations. L'enthousiasme fut indescriptible et prouva à l'univers la foi et la reconnaissance de nos pays. Qu'on visite les magasins, les ateliers de Montpellier, il n'est peut-être pas une maison qui n'ait son petit sanctuaire, ou au moins l'image vénérée du grand guérisseur; c'est l'hommage patriotique et religieux de la piété privée exprimée en mille manière.

En 1633, la piété parisienne donna à la chapelle des Cinq-Plaies le nom de notre Saint.

En 1653, Louis XIV et la Reine-Mère posèrent la première pierre de l'église Saint-Roch; les autres paroisses lui dédièrent des chapelles ou lui élevèrent des autels. On voit à Saint-Sulpice une chapelle à Saint-Roch enrichie des fresques faites par Pujol.

Les Bollandistes rapportent un fait étonnant, cité par Baillet, c'est que telle était la dévotion des Parisiens pour saint Roch que peu à peu sa fête fut chômée comme une fête de précepte. « L'observation de sa fête s'est insensiblement introduite dans plusieurs églises, mais moins par aucun statut de synode, ou par aucune ordonnance de prélats, que par la dévotion particulière des peuples qui réclament son intercession contre la peste. Hardouin de Péréfixe, archevêque de Paris, avait entrepris de la supprimer dans la ville avec beaucoup d'autres en 1666. Mais quoique la suppression ait subsisté pour la plupart des autres fêtes, ni lui, ni son successeur François de Harley ne purent empêcher le peuple de continuer celle de saint Roch. Son office n'y est que pour les lieux où sont ses reliques ou les confréries établies en son honneur : partout ailleurs, l'Église de Paris se contente d'une simple commémoration dans l'office de l'octave de l'Assomption, et l'autre partie du clergé séculier et régulier, qui suit le rite romain dans cette grande ville, y fait l'office de saint Hyacinthe, tandis que les boutiques y sont fermées en l'honneur de saint Roch. »

Ce qui ranima plus spécialement de nos jours la propagation des reliques et du culte de saint Roch en France, fut l'invasion du choléra en 1832. Ceux qui ont eu le bonheur de ne pas assister au lamentable spectacle de ce fléau dévastateur ont entendu néanmoins l'écho des douleurs d'une multitude innombrable de familles et d'orphelins, frappés dans leurs affections les plus intimes. La France, après avoir vu couler le sang de ses enfants dans ses cruelles *glorieuses journées de juillet 1830,* payait terriblement la gloire de sa révolution. Dieu la punissait par la peste ; mais comme son bras se laisse toujours désarmer à la prière, nous fûmes témoins des miséricordes du Seigneur après avoir ressenti ses coups. La France s'agenouilla repentante ; elle recourut au glorieux saint Roch, et saint Roch la sauva. Parmi les effets merveilleux opérés par son intercession, nous pourrions en citer des milliers, car ils sont universels et perpétuels. Paris, Amiens, Orléans,

Auch, Blois, Montpellier, Bordeaux, Bayonne, et cent autres villes en ont donné des témoignages irrécusables dans les pieux *ex-voto,* chapelles, qu'on lui a consacrés. Nous n'en citerons qu'un seul, parce que nous en avons été le témoin oculaire et qu'il nous est particulier :

C'était dans la petite ville de Pithiviers, en Gâtinais, au diocèse d'Orléans (Loiret). Le fléau sévissait avec intensité ; les maisons se dépeuplaient : les chants de l'église avaient cessé ; le silence des cloches rendait encore plus lugubre celui des rues. En vain nos médecins et nos penseurs faisaient brûler, sur les places, du génévrier et des plantes aromatiques ; en vain la police enfouissait dans la rivière, au grand désappointement des marchands et marchandes de la campagne, toutes les denrées dont l'odeur était soupçonnée d'engendrer la corruption, afin de purifier l'atmosphère : tout le monde était consterné, et la peur, mal incurable et irrésistible, doublait les victimes. Du quartier appelé Montauban jusqu'à celui de l'Abbaye le deuil était général. Un homme se rencontra, homme de Dieu, l'ami du peuple et du pauvre : il coulait dans ses veines du sang de vendéen, c'est dire qu'il avait foi et courage. C'était l'abbé Proust, vieillard vénérable, curé-doyen de la paroisse Saint-Salomon, un de ces prêtres que le flot révolutionnaire de 93 avait déversé sur le rivage, alors hospitalier, de l'Italie. Rappelant son peuple à ses devoirs de chrétien, il montre l'impuissance de l'art humain devant le fléau, mais la toute-puissance des supplications auprès de Dieu. Il propose une neuvaine à saint Roch. On l'acclame avec enthousiasme : des prières sont faites, une châsse est commandée, des reliques du saint sont envoyées et, au jour de la clôture, on vit les campagnes environnantes déborder dans la ville solitaire. Une immense procession se déroule sur les promenades publiques, au milieu des chants en l'honneur de saint Roch. Chose merveilleuse, disons-le, vraiment miraculeuse ! que tous les témoins oculaires attesteront comme nous : à partir de cette heure, pas une victime ne succomba, tandis que chacun des jours précédents en absorbait dix ou même douze : le fléau était vaincu.

Les habitants vivememt touchés s'enrôlèrent dans la confrérie de saint Roch, élevèrent en son honneur un autel et une statue au-dessus de laquelle la reconnaissance avait écrit en lettres d'or :

NOS AB ILLO LIBERATI SUMUS ANNO 1832.

Puisse cette petite cité, notre berceau, alors l'asile aristocratiquement charitable et pacifique des familles de la Taille, Miron d'Auxy, d'Auxy, de Piessac d'Inville, Duhamel de Denainvilliers, de Fougeroux, de Godonvilliers, des Coutoures, de Toustaint, des Essarts, de Barville, de Rey, de la Tour du Pin, etc., etc., puisse, dis-je, cette ville, docile aux leçons terribles que le Ciel lui a infligées dans le choléra et l'affreuse guerre de 1872 ne pas donner dans les égarements et les malheurs inévitables où précipite l'oubli de la religion et l'esprit révolutionnaire !

CHAPITRE XI

Le culte de saint Roch dans l'Ordre de saint François.
Ses images.

L'Ordre de saint François devait bien à son illustre enfant un culte plus qu'ordinaire. Aussi fut-il fidèle à le lui rendre dès le commencement.

L'an 1327, au témoignage de notre annaliste Wadding, c'est-à-dire, l'année même de la mort de saint Roch, la sacrée Congrégation des Rites permit, avec l'approbation d'Urbain VIII, de réciter en son honneur l'office et de célébrer les saints mystères dans les églises et oratoires qui lui étaient consacrés.

Harold dit dans son *Abrégé* à la même époque,

nº 4 : « On ne pourrait compter aujourd'hui le nombre des temples, des autels, des oratoires, des confréries et des œuvres érigés en l'honneur de saint Roch. La principale est à Rome, où l'anniversaire du saint thaumaturge est fêté par tout le peuple avec une grande solennité. »

Le culte de l'ordre séraphique pour saint Roch est d'autant plus naturel que ce glorieux thaumaturge appartenait au Tiers-Ordre de saint François, comme nous l'avons prouvé en son lieu. Aussi un grand nombre de nos couvents en firent-ils le patron de leurs églises ; la province Romaine en comptait 29 sous son vocable ; celle de Bologne 28 ; celle de Saint-Antoine 29 ; celle de Crète 12 ; celle de Brescia 1. Au chapitre provincial de la province de Saint-Denys des Récollets, tenu l'an 1625 à Montargis, alors ville du diocèse de Sens, aujourd'hui d'Orléans, il fut décrété qu'on ferait l'office de saint Roch sous le rite semi-double, ce qui fut confirmé l'an 1629 par le concile provincial tenu à Paris.

Enfin l'an 1694, le Pape Innocent XII accorda, le 27 mars, aux Frères Mineurs de l'Observance, puis à tous les Ordres de saint François, de célébrer, sous le rite double-majeur, la fête et la messe de saint Roch, comme étant un confesseur de leur Tiers-Ordre. [1]

(1) *Menol. Francis.* 15 Août, nº 8. — Fremaut.

Saint Roch est ordinairement représenté en habit de pèlerin tertiaire, avec la corde autour des reins et un bourdon à la main. Un chien est à ses pieds tenant un pain entre ses dents. D'autres fois, un ange se tient à ses côtés.

Ces signes résument les merveilles et les gloires de sa vie :

Le chien fut le ministre fidèle dont Dieu se servit pour secourir l'extrême misère de son serviteur ;

L'ange fortifie notre saint dans ses souffrances solitaires ;

Le bourdon rappelle les longues marches de cet héroïque apôtre de la charité.

Dans certaines images de saint Roch un ange touche la plaie de sa cuisse ; d'autres fois, c'est un ange qui lui apporte du ciel la promesse certaine qu'à son invocation la peste cessera. Dans un tableau de Rubens représentant ce fait, l'ange tient une tablette sur laquelle on lit : *Eris in peste patronus.*

Plusieurs missels du XVIe siècle contiennent une prose à son honneur, où on lit :

Rochus ibi vitam finit,
Cui Deus dare sinit
Tabulam per Angelum
Quæ divine scribebatur
Scriptis auri, et dictatur
Manu Dei siderum

Nomen Rochi infrà scriptum,
Quod à Deo fuit dictum
Ut qui eum decorant
Pestis ulcus depellatur,
Sanitasque his reddatur
Qui eum commemorant.

« C'est là que termina ses jours, Roch à qui Dieu fit donner par le ministère d'un ange une tablette écrite en lettre d'or, où se trouve gravé par le doigt du Ciel le nom de Roch avec cette promesse, que quiconque l'honore ne sera pas atteint de la contagion de la peste et que la santé sera rendue à ceux qui invoquent sa mémoire. »

O glorieux saint, qui, en ayant l'honneur de porter les livrées de saint François, les avez honorées par l'éclat de vos vertus et la grandeur de votre pénitence, daignez jeter un regard de pitié sur le dernier de vos frères. Puisse votre merveilleuse protection écarter les contagions pestilentielles de notre patrie commune, la France, de l'Ordre Séraphique, votre famille, de votre pays natal et de son Pasteur, et du Chef de l'Église Romaine.

Préservez-nous surtout de la mort du péché le plus redoutable de tous les maux, afin que, marchant sur vos traces par la voie des souffrances et des larmes, si Dieu nous y appelle, nous soyons jugés dignes d'être en votre compagnie et en la société de Marie Immaculée, de Joseph et de tous les Bienheureux, admis à la gloire éternelle du Paradis.

AINSI SOIT-IL

PRIÈRES ET NEUVAINE

A

SAINT ROCH

———————✶———————

LITANIES DE SAINT ROCH

Seigneur, ayez pitié de nous.

Christ, ayez pitié de nous.

Seigneur, ayez pitié de nous.

Christ, écoutez-nous.

Christ, exaucez-nous.

Père céleste qui êtes Dieu, ayez pitié de nous.

Fils rédempteur du monde qui êtes Dieu, ayez pitié de nous.

Esprit Saint qui êtes Dieu, ayez pitié de nous.

Sainte Trinité qui êtes un seul Dieu, ayez pitié de nous.

Sainte Marie Immaculée, priez pour nous.

Saint Joseph, patron de l'É-glise universelle, priez pour nous.

Saint François, priez pour nous.

Saint Roch, priez pour nous.

Saint Roch, marqué du signe de la croix, priez p. nous.

Saint Roch, l'exemple des bons riches, priez p. nous.

Saint Roch, ami de la pauvreté, priez pour nous.

Saint Roch, modèle des pèlerins, priez pour nous.

Saint Roch, noble tertiaire de saint François, priez p. n¹

Saint Roch, le salut des malades, priez pour nous.

Saint Roch, patron des pestiférés, priez pour nous.

Saint Roch, espoir des malheureux, priez pour nous.

Saint Roch, libérateur des fléaux, priez pour nous.

Saint Roch, refuge des affligés, priez pour nous.

Saint Roch, miroir de patience, priez pour nous.

Saint Roch, guérisseur miraculeux, priez pour nous.

Saint Roch, conservateur de la santé publique, p. p. n.

Saint Roch, perle de la souffrance, priez pour nous.

Saint Roch, lis de la chasteté, priez pour nous.

Saint Roch, rose de la charité, priez pour nous.

Saint Roch, miracle de patience, priez pour nous:

Saint Roch, prodige d'humilité, priez pour nous.

Saint Roch, merveille de résignation, priez pour nous.

Saint Roch, visité par les anges, priez pour nous.

Saint Roch, joyeux dans les fers, priez pour nous.

Saint Roch couronné dans la gloire, priez pour nous.

Des maladies contagieuses, préservez-nous saint Roch.

De la perte des bestiaux, délivrez-nous saint Roch.

Des fièvres malignes, délivrez-nous saint Roch.

De la peste, délivrez-nous saint Roch.

Du choléra, délivrez-nous saint Roch.

Du typhus, délivrez-nous saint Roch.

De la contagion du péché, délivrez-nous saint Roch.

De la mort subite, délivrez-nous saint Roch.

Des peines de l'enfer, délivrez-nous saint Roch.

Des flammes du Purgatoire, délivrez-nous saint Roch.

Dans nos maux temporels, assistez-nous saint Roch.

Dans nos afflictions, assistez-nous saint Roch.

Dans notre corps, assistez-nous saint Roch.

Dans notre âme, assistez-nous saint Roch.

Dans notre vie, assistez-nous saint Roch.

Dans notre agonie, assistez-nous saint Roch.

Dans notre mort, assistez-nous saint Roch.

Dans notre passage à l'éternité, assistez-nous saint Roch.

Agneau de Dieu qui effacez les péchés du monde, pardonnez-nous Seigneur.

Agneau de Dieu qui effacez les péchés du monde, exaucez-nous Seigneur.
Agneau de Dieu qui effacez les péchés du monde, ayez pitié de nous Seigneur.

Priez pour nous glorieux saint Roch,
Afin que nous soyons dignes des promesses de Jésus-Christ.

ORAISON

Seigneur, qui par le ministère d'un ange, avez fait remettre au glorieux saint Roch la promesse, gravée sur une tablette, que quiconque invoquerait son nom, ne souffrirait point des atteintes de la peste ; de grâce, faites que nous, qui révérons sa mémoire, nous soyons, par ses mérites et son intercession, délivrés de toute contagion mortelle dans notre corps et dans notre âme par Notre Seigneur Jésus-Christ. Ainsi soit-il.

AUTRE ORAISON

O Dieu ! notre refuge dans les tribulations, laissez-vous attendrir par l'excès de nos maux ; suspendez les fléaux de votre justice : éloignez, par l'intercession de saint Roch, tout ce qui pourrait nuire à nos corps et à nos âmes ; faites, par votre grâce, que nous puissions imiter son zèle dans le soulagement des souffrances et sa patience dans la douleur. Ainsi soit-il.

ANTIENNE A SAINT ROCH

Ave Roche sanctissime,
Nobili natus sanguine,
Crucis signaris schemate
Sinistro tuo latere.

Roche peregre profectus,
Pestiferæ mortis ictus
Curavisti mirifice,
Tangendo salutifere.

Vale Roche Angelice
Vocis citatus flamine
Obtinuisti Deifice
A cunctis pestem pellere

℣. Ora pro nobis, beate Roche,

℟. Ut digni efficiamur promissionibus Christi.

Salut, ô très-saint Roch ! né d'une famille illustre, marqué au côté gauche du signe de la croix.

Saint Roch, dans vos lointains voyages, vous avez merveilleusement guéri par votre toucher salutaire les malades atteints d'une peste mortelle.

Salut, angélique saint Roch qui, par l'entremise d'un céleste messager, avez obtenu de Dieu le privilége de préserver de la peste tous ceux qui vous invoquent.

℣. Priez pour nous, saint Roch,

℟. Afin que nous devenions dignes des promesses de Jésus-Christ.

NEUVAINE DE PRIÈRES

Premier jour.

Vous qui lirez ces lignes dans un esprit de foi, honorez les saintes actions de cet homme admirable.

Une atmosphère humide fournit un aliment au souffle contagieux de la peste ; un brouillard empoisonné porte au loin le virus que respirent les poumons suffoqués. Tout succombe : le vieillard et l'enfant ; le poison de l'air précipite le fort et le faible dans la nuit du tombeau. En voyant le nombre de morts, on dirait les flots amoncelés d'une mer en furie qui se brise sur le rivage.

Ah ! qui que vous soyez, dans un péril aussi imminent, vénérez saint Roch, appelez saint Roch à votre secours !

Oh ! miséricordieux saint, espoir des malheureux, refuge des affligés, écoutez-nous ! Roch exaucez-nous !

Le Très-Haut nous a donné une puissance assurée

3.

pour repousser la peste : les nations consternées placent leur unique espérance en vous. Ah ! puisse la terrible contagion, grâce à votre intercession, s'éloigner de nos contrées ! Que l'ange exterminateur, cessant d'entasser ruines sur ruines, ne détruise pas entièrement notre race ! Daigne le Dieu Tout-Puissant tourner ce fléau contre les infidèles et les méchants, et épargner ses ouailles soumises, en nous délivrant de l'horrible contagion !

Roch miséricordieux, nous vous demandons ces grâces avec une entière confiance; obtenez du Seigneur notre prompte délivrance; éloignez de vos serviteurs la peste de l'âme et du corps. [1]

Miséricordieux saint Roch, qui jadis secourûtes tant de malheureux pestiférés et qui éprouvâtes dans vos membres le venin de cette horrible maladie, que par vos prières et celles de saint Sébastien, la peste soit à jamais éloignée du royaume de France; que nos corps et nos âmes en soient à jamais préservés! Nous ne serons pas ingrats; et les torches qui brûleront devant vos autels témoigneront de notre reconnaissance. Amen.

(Récitez les Litanies.)

(1) *Vie de Saint Roch,* imprimée en Allemagne au XVI° siècle.

Deuxième jour.

Antienne. — Salut, prudent médecin, vainqueur de la peste, secourez-nous contre toute atteinte des épidémies, et soyez, ô glorieux saint Roch ! notre avocat auprès du Roi de gloire.

Verset. — Le Seigneur l'a aimé et l'a couronné, et il a revêtu ses épaules d'un manteau de gloire.

Collecte. — O Dieu ! sur qui rejaillit la gloire de vos saints et qui exaucez efficacement les prières de ceux qui les invoquent avec confiance, accordez à ceux qui recourent à l'intercession de saint Roch, votre confesseur, d'être délivrés des souffrances de la peste qu'il a lui-même endurées dans son corps pour l'amour de votre saint nom. Par Notre-Seigneur Jésus-Christ. Ainsi soit-il.

(Récitez les Litanies.)

Troisième jour.

Adorons le Seigneur qui a opéré des merveilles, quand il a donné au monde un nouveau médecin dans la personne de saint Roch.

Que l'univers retentisse des gloires de saint

Roch ; que la voûte azurée tressaille d'allégresse, que le monde entier frémisse de bonheur. Chantons tous ses louanges d'une voix unanime.

Que le Ciel se réjouisse de l'avoir pour hôte ! Que la terre fleurisse sous sa puissante égide ; car elle possède maintenant dans Roch un merveilleux médecin, vainqueur de la peste hideuse.

Lui qui a distribué tous ses biens aux pauvres, s'est dépensé au service des malheureux. Rempli d'une puissance merveilleuse, il rend aux malades la santé : la croix sacrée, voilà son remède.

Ce don sacré était bien dû à celui qui, dans la ferveur de son zèle et le feu de sa charité, a méprisé complètement les richesses et les délices, et tous les hochets des grandeurs, sans rien garder pour lui ; que chacun de nous dans la détresse recourre avec respect à son intercession. Que notre confiance soit parfaite et notre espérance sans borne, bientôt nous sentirons sa pieuse assistance.

O Trinité sainte ! exaucez nos prières. Par l'intercession de saint Roch, éloignez de nous tous les maux : donnez la paix à vos serviteurs, donnez-nous la gloire dans les splendeurs de l'éternité bienheureuse. Amen.

(Récitez les Litanies.)

Quatrième jour.

Saint Roch, dans l'éclat de ses nombreuses vertus, ressemblait à un arbre magnifique planté sur le cours d'un fleuve.

Il a compris, et il a servi le Seigneur avec crainte et tremblement, en foulant à ses pieds tous les biens de la terre : il partit pour Rome, un bourdon à la main.

Dans sa prière, il disait à Dieu : Vous êtes ma gloire, vous êtes mon diadème, vous êtes ma victoire.

Il quitte son pays, dirige ses pas vers la Cité sainte ; il trouve Césène et l'Italie en proie aux horreurs de la peste ; il assiste les malades et leur rend la santé par le signe de la croix.

O Notre Père ! ô médecin empressé des malades ! guérissez les maux de nos âmes et de nos corps ; étendez votre protection sur vos serviteurs qui vous vénèrent et vous aiment.

(Récitez les Litanies.)

Cinquième jour.

Roch dédaigne les vanités d'un monde insensé et préfère se mettre au service de tous.

Dès l'aurore jusqu'à la nuit, Roch est en la présence de son Jésus, et son cœur s'élève au Ciel sur les ailes d'une perpétuelle prière.

Votre nom, ô Roi admirable! a resplendi dans la personne de Roch, du moment où il a repoussé loin de ses lèvres la coupe traîtreusement enchanteresse du monde.

Enfin, après bien des périls, il touche au seuil sacré de la Ville Éternelle que la peste a couverte d'un immense linceul. Il imprime au front d'un prêtre le signe libérateur de la croix, et se retire pour aller à Plaisance, dont il sauva de la peste le reste des habitants. Bientôt lui-même est atteint des flammes dévorantes du fléau.

O vous, qui par le signe salutaire de la croix, rendez la santé aux malades, sauvez-nous du feu cruel dont nous sommes attaqués ; car nous n'avons pas de confiance dans la science de nos médecins.

(Récitez les Litanies.)

Sixième jour.

Jamais ses lèvres ne se sont souillées du mensonge et de la fausseté : aussi peuvent-elles dignement louer le Seigneur en présence duquel il marche toujours.

Jésus fait toute sa conversation, ses désirs et sa joie. Pour Roch, dévoré de la soif, jaillit une fontaine d'eau vive ; un chien fidèle lui apporta son pain ; la divine Providence ne fit pas défaut à celui qui avait distribué tous ses biens aux pauvres.

De retour en sa patrie, on l'arrête, on le jette dans un noir cachot. Sentant la fin de sa vie, il appelle un prêtre et de ses mains reçoit le Pain des Anges.

O vous, qui porté dans les Cieux au milieu de divines splendeurs, puisque (la sainte tablette en est le témoignage) vous le pouvez, sauvez-nous, glorieux saint Roch, du virus meurtrier de la peste.

(Récitez les Litanies.)

Septième jour.

Il brille le jour à jamais mémorable où saint Roch, enlevé aux sphères ténébreuses de la terre, est devenu citoyen de la céleste Patrie.

Constance l'invoque, et à son nom la peste disparaît miraculeusement ; Venise peut proclamer bien haut la puissance de son intercession et ses monuments en rediront l'efficacité à tous les âges de l'avenir. Toute la Picardie, Paris, la grande cité, attesteront leur fréquente délivrance de la peste par les mérites de Saint Roch.

Chantons en chœur des hymnes joyeuses à la mémoire de saint Roch à qui tout l'univers doit tant de reconnaissance. Maintenant qu'il fait partie du cortége des saints, il est inondé d'une gloire éternelle.

Après une vie de souffrances, il entre, sur les pas de Jésus, en possession d'une couronne immortelle : d'innombrables miracles prouvent avec quelle joie et quelle félicité il s'est assis aux noces de l'Agneau. Que tout le monde lui demande donc avec larmes la cessation des épidémies.

(Récitez les Litanies.)

Huitième jour.

Seigneur, apaisez votre colère et calmez votre courroux sur les péchés de votre peuple, comme vous l'avez juré par vous-même. Dieu saint, Dieu saint fort, Dieu saint immortel, ayez pitié de nous.

Dieu Tout-Puissant et miséricordieux, regardez d'un œil favorable votre peuple prosterné aux pieds de votre Majesté; que votre fureur vengeresse ne nous atteigne pas, que la droite de votre miséricorde nous protége. Amen.

Dieu Tout-Puissant et miséricordieux qui, par les prières et les mérites de saint Roch, votre confesseur, avez mis fin à une peste qui attaquait tout le monde, accordez à ceux qui viendront humblement et avec confiance devant vous vous demander la même grâce en pareille circonstance, qu'ils soient délivrés de ce fléau et de toute contagion par l'intercession de ce même glorieux confesseur. Amen.

(*Récitez les Litanies.*)

Neuvième jour.

Il est vraiment digne et juste, équitable et salutaire que toujours et partout nous vous rendions grâces, Seigneur saint, Père Tout-Puissant, Dieu éternel, qui, par votre seule miséricorde, avez suspendu l'arrêt de mort porté contre les Ninivites; qui, en même temps que vous étiez leur propitiateur, avez exaucé la pénitence de leur prière : de grâce, à ce peuple prosterné en présence de votre gloire et vous suppliant, accordez la santé, faites lui sentir les effets de la délivrance qu'il implore, afin que ceux que vous aurez daigné racheter du sang précieux de votre Fils unique ne succombent pas aux atteintes de la mortalité : par Notre-Seigneur Jésus-Christ, par qui les Anges louent votre Majesté, les Dominations adorent, les Puissances tremblent, les Vertus du Ciel des Cieux, et les bienheureux Séraphins, dans un commun transport de joie célèbrent vos louanges, avec lesquels nous vous supplions humblement de nous permettre de mêler nos accents, en disant : Saint, Saint, Saint le Seigneur Dieu des armées. Béni soit celui qui vient au nom du Seigneur : Hosanna au plus haut des Cieux. Que votre nom est magnifique, ô bienheureux saint Roch ! vous qui, par vos prières, savez guérir la multitude des malades languissants et vous montrer propice à tous ceux qui invoquent votre nom glorieux ; venez et sauvez-nous de la maladie, de la peste et des épidémies, et rendez-nous la salubrité de l'air.

(Récitez les Litanies.)

PRIÈRE

CONTRE TOUTE MALADIE CONTAGIEUSE

———

La ville de Coïmbre, en Portugal, était ravagée par le fléau terrible de la peste ; l'abbesse du couvent des Clarisses Urbanistes de cette ville, vivement préoccupée du salut de ses filles, s'occupait de transférer ailleurs sa communauté, pour éviter le fléau et la mort, lorsqu'un jour se présenta à la porte du monastère un mendiant. Celui-ci s'étant informé de la cause du mouvement occasionné dans la communauté par les préparatifs du départ, remit à l'abbesse un petit parchemin en lui disant : « Si chaque jour vous faites réciter avec soin l'antienne et l'oraison écrites sur cette feuille, jamais la peste n'entrera dans ce monastère. » Il dit et disparut. Les religieuses crurent que ce mendiant était l'apôtre saint Barthélemy. Quoi qu'il en soit, jamais, en temps de peste, alors même qu'elle sévissait dans la ville, ce monastère n'en fut jamais atteint.

Voici ces prières fort en usage à Rome, en
Espagne et en Portugal [1] :

ANTIENNE

Stella cœli extirpavit, quæ lactavit Dominum,
mortis pestem, quam plantavit primus parens
hominum. Ipsa stella nunc dignetur sidera com-
pescere, quorum bella plebem cœdunt diræ mortis ulcere. O piissima stella maris, a peste succurre
nobis. Audi nos Domina : nam Filius tuus nihil
negans te honorat. Salva nos Jesu, pro quibus
Virgo Mater te orat.

℣. Ora pro nobis sancta Dei Genitrix.
℟. Ut digni efficiamur promissionibus Christi.

ORATIO

Deus misericordiæ, Deus pietatis, Deus indul-
gentiæ, qui misertus es super afflictionem populi
tui, et dixisti Angelo percutienti populum tuum :
contine manum tuam : ob amorem illius Stellæ
gloriosæ, cujus ubera pretiosa contra venenum
nostrorum delictorum, quam dulciter suxisti ;
præsta auxilium gratiæ tuæ, ut ab omni peste, et
improvisa morte secure liberemur, et a totius per-
ditionis incursu misericorditer salvemur. Perte,
Jesu Christe, Rex gloriæ, qui vivis et regnas in
sæcula sæculorum. Amen.

(1) Gonzag. p. 5 de Prov. Portugal. Mon. VIII.

TRADUCTION EN FRANÇAIS

L'Étoile du Ciel, qui a allaité le Seigneur, a extirpé le fléau de la mort implantée par notre premier père. Que cette Étoile daigne elle-même aujourd'hui calmer l'atmosphère dont le trouble cause aux peuples des plaies mortelles. O très-miséricordieuse Étoile de la Mer ! Sauvez-nous de la peste. Reine, écoutez-nous ; car votre Fils, qui ne vous refuse rien, vous honore. Sauvez-nous, ô Jésus ! la Vierge, votre Mère vous implore pour nous.

℣. Priez pour nous sainte Mère de Dieu.

℟. Afin que nous devenions dignes des promesses de Jésus-Christ.

PRIÈRE

Dieu de miséricorde, Dieu de pardon, Dieu d'indulgence, qui êtes touché de compassion sur l'affliction de votre peuple et qui avez dit à l'ange exterminateur de votre peuple : « Arrête tes coups », pour l'amour de cette glorieuse Étoile, dont vous avez sucé avec douceur les précieuses mamelles contre le poison de nos fautes, donnez-nous le secours de votre grâce, afin que nous soyons délivrés de tout fléau et à l'abri de la mort subite et que nous soyons miséricordieusement préservés du danger de toute perdition. Par vous, Jésus-Christ, roi de gloire, qui vivez et régnez dans les siècles des siècles. Amen.

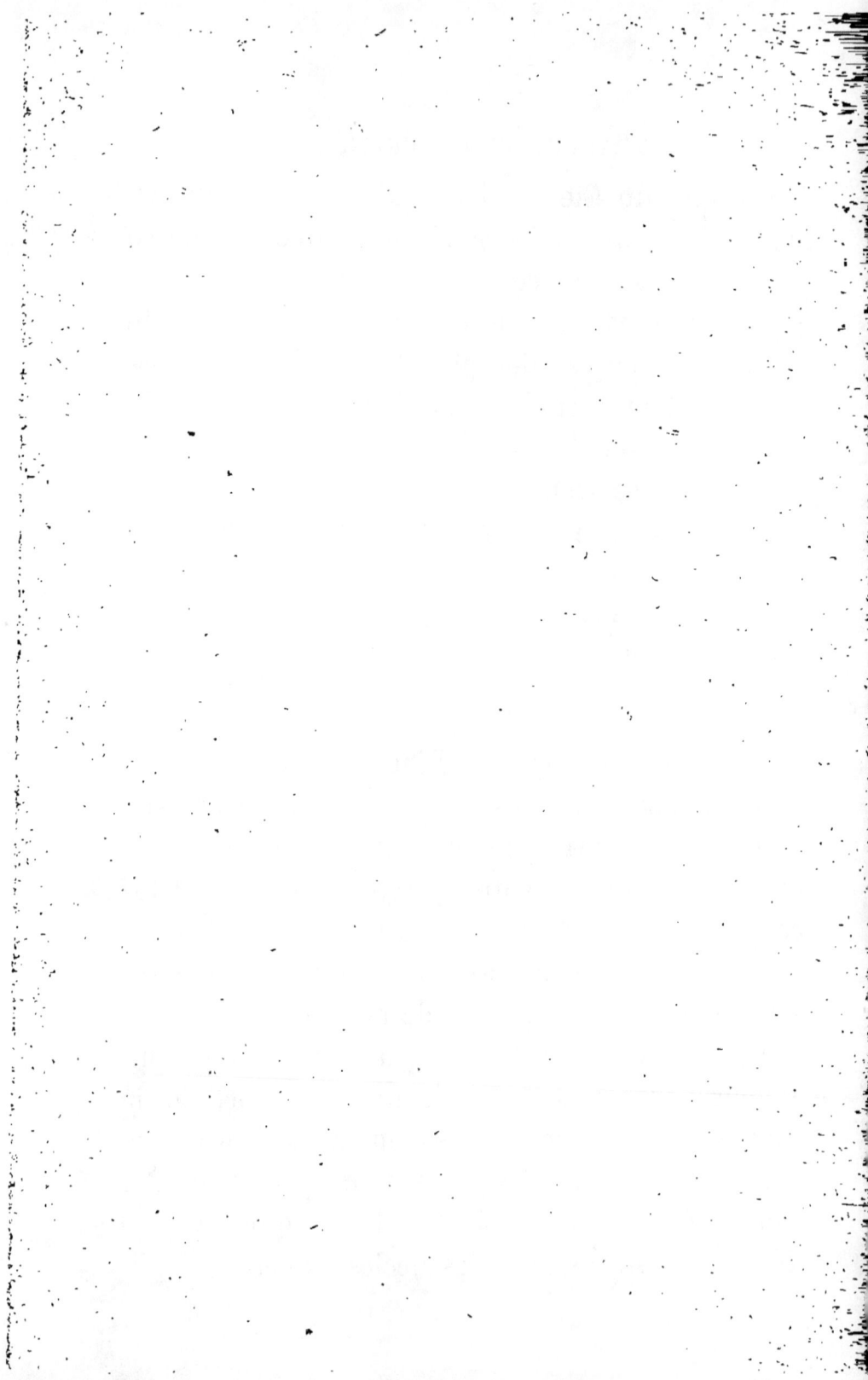

NOTICE

SUR LE

TIERS-ORDRE DE SAINT-FRANÇOIS

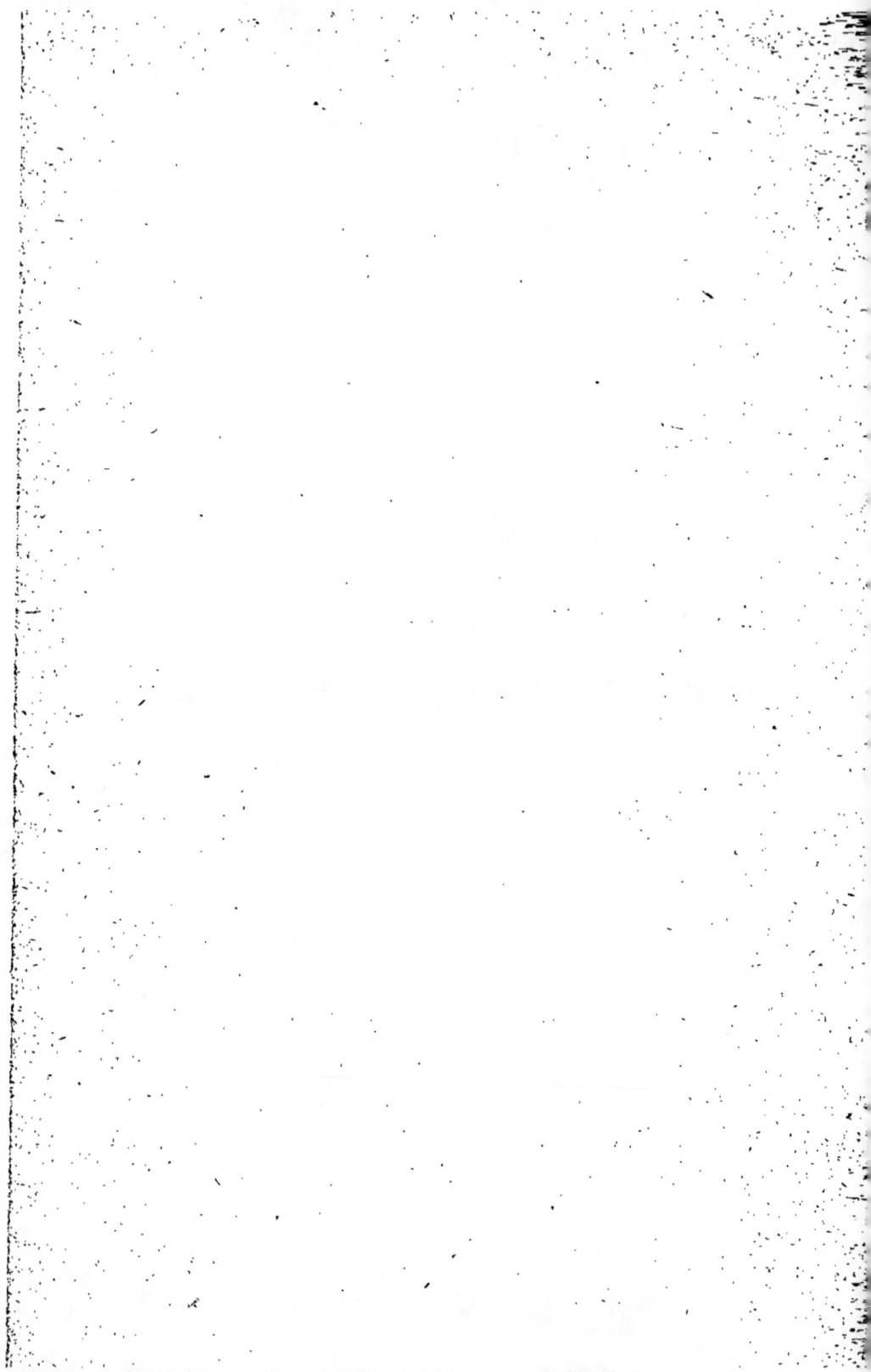

NOTICE

TIERS-ORDRE DE SAINT-FRANÇOIS

———◦◦◦———

Saint François avait fondé les Frères-Mineurs et les Clarisses : ses cloîtres s'étaient remplis d'âmes élevées et pures, qui développaient, dans une atmosphère calme et sanctifiante, les germes de toutes les vertus. Mais, dans la société, la vie monastique n'est et ne peut être le partage du grand nombre ; or, saint François était suscité de Dieu pour régénérer les foules. Il lui fallait donc chercher, en dehors de ces rigoureuses observances, un aliment qui pût entretenir partout la vie spirituelle ; un remède qu'on pût opposer avec succès à toutes les formes du vice ; une manière de vivre qui prit toutes les directions, et qui pût se plier

aux exigences des conditions les plus diverses. Le
Troisième Ordre fut, dans la pensée du saint fondateur, la solution de ce problème. L'Ordre de la
Pénitence rendit, en quelque sorte, l'état religieux
accessible à tous. « Sa création, dit le Père Lacor-
daire, introduisit la vie religieuse jusqu'au sein
du foyer domestique et au chevet du lit nuptial.
Le monde se peupla de jeunes filles, de veuves,
de gens mariés, d'hommes de tout état qui portaient
publiquement les insignes d'un Ordre religieux,
et s'astreignaient à ses pratiques dans le secret
de leurs maisons. L'esprit d'association qui régnait
au moyen-âge, et qui est celui du Christianisme,
favorisa ce mouvement. De même qu'on appartenait à une famille par le sang, à une corporation
par le service auquel on s'était voué, à un peuple
par le sol, à l'Église par le baptême, on voulut
appartenir par un dévouement de choix à l'une des
glorieuses milices qui servaient Jésus-Christ dans
les sueurs de la parole et de la pénitence. On
revêtait les livrées de saint Dominique ou de saint
François ; on se greffait sur l'un de ces troncs pour
vivre de leur sève, tout en conservant encore sa
propre nature ; on fréquentait leurs églises, on
participait à leurs prières, on les assistait de son
amitié, on suivait, d'aussi près que possible, la
trace de leurs vertus. On ne croyait plus qu'il
fallût fuir du monde pour s'élever à l'imitation des

saints : toute chambre pouvait devenir une cellule, et toute maison une Thébaïde. Ainsi l'esprit de Dieu prend cœur à son ouvrage avec le temps ; il proportionne les miracles aux misères ; après avoir fleuri dans les solitudes, il s'épanouit sur les grands chemins. »

Ce fut vers 1221 que notre séraphique Père initia à ce nouveau genre de vie, le marchand Luchesio, homme auparavant factieux et avare, que sa parole et ses exemples avaient touché et converti. Luchesio et son épouse ayant prié saint François de leur tracer une règle de vie appropriée à leur état, François répondit avec cette simplicité évangélique qui faisait son caractère : « J'ai songé depuis peu à instituer un Troisième Ordre, où les personnes mariées pourront servir Dieu d'une manière plus parfaite ; et je crois que vous ne sauriez mieux faire que d'y entrer. » Luchesio et Bona-Donna demandèrent alors à être admis dans le nouvel Institut. Saint François leur fit prendre un habit de couleur cendrée, avec une corde à plusieurs nœuds pour ceinture, et leur prescrivit de vive voix quelques pratiques, jusqu'à ce qu'il eût composé sa Règle. Comme toujours, le saint Patriarche avait pour ses enfants les paroles bénies de la multiplication. L'Ordre grandit ; toutes les classes de la société s'y fusionnèrent dans un esprit commun d'humilité, de pauvreté et de pénitence. Sa Règle fut accueillie dans toute l'Europe ; en Italie, par exemple, le nombre des Tertiaires était si considérable, que Pierre-des-Vignes, ce légiste connu par sa haine du Saint-Siége, écrivait à son maître, Frédéric II, empereur d'Allemagne : « L'esprit répandu dans la population italienne par les Frères-Mineurs, à l'aide d'une nouvelle société, est plus redoutable à vos projets que les armées les plus nombreuses. On ne trouve plus personne qui ne fasse partie de cet Institut. »

Les annales de l'Ordre font mention de cent trente rois ou reines qui revêtirent les livrées de la pénitence, en Espagne, en Portugal, en Hongrie, en Pologne, dans le Danemark, la Norwége, la Suède, etc. En France, nous avons Louis VIII et son épouse, Blanche de Castille ; — Louis IX, Marguerite de Provence, et Blanche, leur fille ; — sainte Jeanne de Valois, Anne et Marie-Thérèse d'Autriche, la mère et l'épouse de Louis XIV ; cette dernière fit profession, le 18 octobre 1661, au couvent des Frères-Mineurs de l'Observance, à Paris, et fut élue supérieure de la Fraternité qui y était établie. On pourrait citer encore un très-grand nombre de hauts personnages, de riches seigneurs, des évêques, des cardinaux, six Souverains Pontifes, dont le dernier est l'immortel Pie IX, reçu, en 1821, au couvent de Saint-Bonaventure, que les Pères de l'Observance possèdent à Rome.

Les sentiments de ces hommes illustres semblent résumés dans ces admirables paroles que le cardinal de Tréio adressait, en 1623, au Père Luc Wadding : « Vous me louez, disait-il, de ce qu'après avoir été revêtu du cardinalat, j'ai pris l'habit et fait profession de la Règle du Tiers-Ordre de notre Père saint François. Pouvais-je moins faire que de me dévouer entièrement à son Ordre, moi qui reconnais lui devoir tout ce que j'ai et tout ce que je suis? Le cordon de saint François ne mérite-t-il pas de ceindre même la pourpre royale? Saint Louis, roi de France, et sainte Élisabeth de Hongrie l'ont porté, ainsi que plusieurs autres souverains et souveraines. De nos jours, Philippe III, roi d'Espagne, est mort avec l'habit de ce bienheureux Père ; la reine Élisabeth, épouse de Philippe IV, et la princesse Marie, sœur de ce monarque, ont fait profession du Tiers-Ordre. Pourquoi vous étonnez-vous qu'un cardinal couvre sa pourpre d'un habit de couleur de cendre et se ceigne d'une corde? Si ce vêtement paraît vil, il ne m'est que plus nécessaire en ce moment où, élevé dans l'Église au faîte des honneurs, je dois m'appliquer à une humilité plus profonde pour éviter l'orgueil. Mais l'habit cendré de saint François n'est-il pas une véritable pourpre teinte dans le sang de Jésus-Christ et dans le sang qui est sorti des stigmates de son serviteur ; ELLE DONNE LA DIGNITÉ ROYALE A TOUS CEUX QUI LA PORTENT. Qu'ai-je donc fait en me revêtant de ce saint habit ? J'ai joint la pourpre à la pourpre, la pourpre de la royauté à la pourpre du cardinalat. Ainsi, bien loin de m'être abaissé, j'ai lieu de craindre de m'être fait trop d'honneur et d'en tirer trop de gloire. »

C'est aux fruits qu'on connaît l'arbre ; nous ne pouvons donc mieux faire ressortir l'excellence de l'Ordre de la Pénitence qu'en détachant çà et là, dans ses rameaux vigoureux, quelques-uns des fruits d'élection qui y abondent, pour réveiller, par leur seul nom, les souvenirs et la gloire qui en sont inséparables. L'Ordre de la Pénitence compte parmi ses gloires : saint Louis, roi de France, patron des Frères du Tiers-Ordre ; saint Ferdinand, roi de Castille ; saint Elzéar, comte d'Ariano, et la bienheureuse Delphine de Glandèves, son épouse ; saint Yves, de Bretagne, surnommé l'avocat des pauvres ; saint Roch, de Montpellier ; saint Charles Borromée ; le bienheureux Pierre de Sienne, surnommé le Vincent de Paul du XIVe siècle ; le bienheureux Luchesius, premier membre du Troisième Ordre, le bienheureux Benoît Labre, etc., etc. Parmi ses saints martyrs, on remarque dix-sept Tertiaires Japonais, qui scellèrent de leur sang la foi de Jésus-Christ, en même temps que six religieux de l'Observance. On y voit aussi le bienheureux Raymond Lulle, qui évangélisa l'île de Majorque, et vingt-deux autres Tertiaires martyrisés encore au Japon, auxquels l'Église décernait en 1867 les honneurs de la béatification, ainsi qu'à dix-huit Franciscains de l'Observance, leurs guides dans le martyre. — Ses vierges sont nombreuses et illustres : sainte Rose de Viterbe, morte à l'âge de douze ans ; sainte Angèle de Mérici, fondatrice des Ursulines ; la bienheureuse Viridiane ; la bienheureuse Jeanne de Signa ; sainte Marie-Françoise des Cinq-Plaies de Notre-Seigneur Jésus-Christ, morte à Naples, en 1791, etc. — Parmi ses veuves, qui ne connaît *la chère* sainte Élisabeth de Hongrie, patronne des Sœurs ; sa nièce, sainte Élisabeth, reine de Portugal ; sainte Françoise Romaine ; sainte Jeanne de Valois, reine de France ? Citons encore la bienheureuse Louise d'Albertoni ; la bienheureuse Micheline ; la bienheureuse Paule Gambara ; la bienheureuse Humiliane, la bienheureuse Marie de Maillé, si vénérée dans le diocèse de Tours, etc. — Le Tiers-Ordre a eu aussi ses pénitentes, sainte Marguerite de Cortone et la bienheureuse Angèle de Foligno. De nos jours, sa fécondité merveilleuse n'est point éteinte, et le général des

Franciscains de l'Observance s'occupe en ce moment de faire placer sur les autels de nombreux Tertiaires, qui sont presque nos contemporains. Pendant son glorieux pontificat, notre bien-aimé pontife Pie IX a élevé *quarante* Tertiaires aux honneurs du culte public. Disons enfin que le Tiers-Ordre a donné à la famille séraphique plus de *soixante-douze* saints ou bienheureux dont le culte est approuvé par l'Église. Les fondateurs de douze Ordres ou Congrégations religieuses ont puisé dans le Tiers-Ordre les grâces abondantes qui sont nécessaires à de pareilles entreprises. Citons saint Vincent de Paul, le cardinal de Bérulle et M. Olier, le modeste et saint fondateur de la Compagnie de Saint-Sulpice, qui fit profession, à Paris, chez les Pères de l'Observance.

Le vénérable curé d'Ars, mort le 4 août 1859, considérait le Tiers-Ordre, dont il était membre, comme un puissant moyen de ranimer dans les cœurs l'amour de Dieu et les vertus chrétiennes ; aussi, comme il nous l'a dit à nous-mêmes, aurait-il voulu le voir se répandre dans toutes les paroisses.

Les Tertiaires ont encore pour protecteurs les saints si nombreux du Premier et du Second Ordre ; car ils ont un même Père, et appartiennent à la même famille.

Certains Tertiaires, désireux d'une vie plus parfaite, vivent dans le cloître, joignant les vœux de religion à la Règle du Tiers-Ordre. C'est ainsi que se sont sanctifiées la bienheureuse Angéline de Marciano, la bienheureuse Élisabeth de Souabe, sainte Hyacinthe de Mariscotti, la bienheureuse Lucie de Salerne ; la vénérable Marie Lilia du Crucifix, morte à Viterbe en 1773, etc. en France, l'Institut du *Tiers-Ordre régulier* florissait avant la grande Révolution ; il a été restauré depuis, et de nombreuses vierges, dont la maison-mère est à Vichy, consacrent leur vie, dans ses monastères, à la contemplation et à toutes les œuvres de zèle et de charité.

Le Tiers-Ordre de saint François a toujours été entouré d'une particulière prédilection par le Siége apostolique ; plus de cent neuf Bulles renferment les témoignages de sa bienveillance et de sa protection. La Règle, approuvée d'abord par Honorius III et Grégoire IX, le fut ensuite plus solennellement par Nicolas IV, qui en renferma l'exposé dans sa Bulle *Supra montem*. Plus de *quarante* Souverains Pontifes se sont depuis occupés du Troisième Ordre de Saint François pour en proclamer le mérite, pour le défendre contre les attaques de ses adversaires, l'enrichir de priviléges et d'indulgences ; et les Tertiaires de France, si prodigieusement multipliés de nos jours, ont l'insigne bonheur de posséder plusieurs Bulles qui leur ont été adressées par le pape Pie IX. —

Dès son origine, deux Conciles généraux, celui de
Vienne et celui de Latran, donnèrent à l'Ordre
de la Pénitence la plus haute confirmation. Nous
citerons, entre tous ces témoignages, l'extrait
d'une Bulle de Grégoire IX, bien propre à éclairer
ceux qui auraient nourri jusqu'ici de fausses pré-
ventions contre le Tiers-Ordre : « Quiconque, dit
ce Pape, aura la hardiesse de *critiquer, d'attaquer*
ou de *tourner en dérision* le Troisième Ordre,
en disant, par exemple, que cet Ordre, établi en
faveur des personnes mariées ou libres, n'est ni
bon ni *utile, encourra la malédiction de Dieu
et de ses saints apôtres Pierre et Paul.* Quiconque dira que, dans la formule de profession du
Troisième Ordre, on ne devrait pas prononcer ces
paroles : *Je promets d'observer les commande-
ments de Dieu.....,* parce qu'elles sont inutiles et
vaines, sera frappé du même anathème. Quiconque,
sans attaquer, sans désapprouver le Troisième
Ordre, ose néanmoins *empêcher* ou *détourner*
quelqu'un d'y entrer, *commet une faute grave...,*
parce qu'il empêche un grand bien et met obstacle
au profit spirituel d'une âme. Peut-on abuser
plus indignement de la bonté de Dieu que de
dissuader de leur pieux dessein ceux qui désire-
raient servir le Seigneur en se convertissant à lui ?
Ignore-t-on qu'ils sont maudits de Dieu ceux qui
éloignent leurs frères de son service. »

L'Ordre de la Pénitence n'est point une pieuse association, ni une confrérie, ni un Ordre mitigé ou incomplet. C'est un Ordre véritable et proprement dit, qui assure aux Tertiaires les bénéfices spirituels de la vie religieuse en leur en facilitant les pratiques et les vertus. Benoit XIII, dans la Constitution *Paterna sedis* du 10 octobre 1725, s'exprime ainsi : « Pour nous opposer aux calomnies des détracteurs de ce saint Ordre, suivant en cela l'exemple de nos prédécesseurs qui l'ont approuvé, confirmé et hautement loué, nous jugeons et déclarons que ce même Ordre a toujours été et qu'il est encore saint, méritoire et conforme à la perfection chrétienne, qu'il constitue un *Ordre véritable et proprement dit*..... entièrement distinct des Confréries..... puisqu'il a sa Règle particulière approuvée par le Saint-Siége, son noviciat, sa profession et un habit d'une certaine forme, selon la pratique des autres Ordres, tant religieux que militaires. » Et dans sa Bulle *Ad nostram audientiam*, publiée en 1728, Benoit XIII ajoute : « Ces Tertiaires, quoique séculiers, doivent être assimilés aux religieux, puisque leur Institut a été établi par saint François sous le nom de Troisième Ordre, qu'il a été approuvé par le Saint-Siége et enrichi d'un nombre considérable de grâces et de priviléges, naguère confirmés par Nous-même, dans la Constitution

Paterna Sedis ; d'où il suit que, dans les cérémonies religieuses, ce Troisième Ordre *doit avoir la préséance sur toutes les confréries laïques...* »

Ce saint Institut est donc, de sa nature, un Ordre véritable, un état de perfection, et c'est grâce aux puissants moyens de sanctification dont il dispose qu'il a pu donner au Ciel tant de Bienheureux. « Le Tiers-Ordre, nous dit un pieux auteur, se rattache aux deux premiers Ordres par la sainteté de sa fin, par l'emploi de ses moyens, et par l'étendue de la consécration qu'on y fait de soi-même à Dieu. » Les Tertiaires doivent donc s'appliquer soigneusement à se pénétrer de l'esprit de leur saint Institut en étudiant les doctrines et les exemples de son fondateur. Comme saint François, ils s'attacheront à l'humilité, si grande en lui qu'il ne voulut jamais accepter le sacerdoce. Le nom même d'*Ordre de la Pénitence,* qu'il a donné à son œuvre, leur rappellera qu'ils doivent mener une vie de mortification et de prière pour être ses fidèles disciples. Enfin, les Tertiaires s'attacheront avec amour à l'esprit de cette sublime pauvreté pour laquelle leur séraphique Père avait une si particulière prédilection ; car elle fut le seul héritage qu'il légua à ses enfants ; le fondement sur lequel il plaça son œuvre immense et à laquelle il donnait aussi un caractère de perpétuelle stabilité : « *Il faut que ceux qui acquié-rent soient comme s'ils ne possédaient pas ; ceux qui usent des choses de ce monde comme s'ils n'en usaient point, car la scène de ce monde passe.* » (S. Paul.) [1]

[1] Extrait du *Petit Manuel* du Tiers-Ordre de saint François, par le T.-R. P. Léon, ex-provincial des Franciscains. — Bordeaux, chez Brion, 41, rue Saint-François. Prix : 1 fr.

ŒUVRE

DU

COLLÉGE SÉRAPHIQUE

FONDÉE A BORDEAUX

194, Rue de Pessac, 194

PAR

LES PP. FRANCISCAINS DE L'OBSERVANCE

———————⊰⊱———————

« Religion, France, Missions franciscaines. »

I

BUT

Depuis trois ans, sous le patronage de Saint-Louis d'Anjou, avec la bénédiction de Pie IX et l'approbation du Révérendissime Ministre Général de tout l'Ordre de Saint-François, les PP. Franciscains de l'Observance ont adjoint à leur couvent de Bordeaux, rue de Pessac, 194, une fondation éminemment digne de l'attention et du concours du patriotisme national et du sentiment chrétien. C'est un séminaire de vocations religieuses pour

le monde entier, et en particulier pour la France
et les Lieux-Saints.

Cette Maison a reçu du Chef de l'Ordre le nom
de COLLÉGE SÉRAPHIQUE. Sa devise indique assez
son but général, l'Apostolat, et une de ses fins
particulières, la Garde des Lieux-Saints.

Aussi actif et fécond dans sa sève six fois
séculaire qu'aux jours de son premier épanouisse-
ment, l'Ordre Séraphique n'a point manqué,
malgré les difficultés des lieux et des temps, les
menaces et la mort, à la sublimité de cette double
vocation.

Aujourd'hui encore, parmi ses milliers d'enfants, il compte des missionnaires dans toutes
les parties du monde ; aujourd'hui encore, comme
par le passé, au prix du sang le plus pur de ses
martyrs, il conserve à l'Église latine, notre Mère,
et à la France, notre chère Patrie, Protectrice-
née des Lieux-Saints, l'honneur de tenir haut et
ferme le drapeau catholique sur le berceau et le
tombeau de JÉSUS-CHRIST.

Continuer cette chaîne du passé, ne laisser au
schisme aucun moyen d'effacer insensiblement le
crédit de l'Europe chrétienne dans le Levant et
le souvenir des gloires les plus intactes de notre
histoire, en renforçant les rangs des religieux
franciscains de la Terre-Sainte, n'est-ce pas là
une œuvre aussi digne d'un grand cœur que de

combattre et mourir pour son pays ? Notre gouvernement l'a compris sous tous les régimes, et
au mois d'octobre 1873, par l'organe d'un de ses
Ministres, il daignait nous féliciter et encourager
l'Œuvre des marques de sa haute bienveillance.
Ainsi l'ont compris Son Éminence le Cardinal-
Archevêque de Bordeaux, qui a bien voulu honorer l'Œuvre d'un encouragement spécial, et
des familles éminemment chrétiennes. Nous avons
trouvé, dans la foi toujours vivace de la France,
de nouveaux Samuels, et dans son patriotisme,
de nouveaux Croisés évangéliques. Déjà, plusieurs
départements ont généreusement répondu à la
sainte vocation de leurs enfants.

Ceux-ci, appelés par la voix du Seigneur au
sanctuaire de la religion, voient s'abaisser devant
eux, dans la gratuité de l'enseignement et la
culture de leur vocation religieuse, les barrières
matérielles que la modicité de leurs ressources ou
la nature même de leur attrait élevaient devant
leur avenir. Renonçant pour DIEU et pour la
France aux douceurs du foyer, aux caresses de la
mère, aux espérances de la famille, ils se sont
jetés dans nos bras pour demander à une vie plus
mâle, à une éducation plus forte, à une instruc-
tion plus chrétienne et plus pure, le soutien, le
développement du germe généreux de leurs hautes
aspirations. A nous de les mouler, dès le premier

âge, à la vie intellectuelle, morale et franciscaine, par des études et une piété solides, une éducation graduellement monastique, et d'en faire comme naturellement et sans secousse de bons religieux missionnaires.

Devant l'accroissement de notre jeune pépinière, force nous est de dilater l'enceinte de notre local pour admettre les nouveaux postulants; ou bien, il faut se résigner à étouffer ces vocations naissantes et à enchaîner l'action de Dieu. Et pourtant, qu'y a-t-il de plus grand que de faire des prêtres, disait Saint Vincent de Paul? L'impiété, conjurée contre l'Église et la société, fait, avec trop de succès, les affaires de Satan, pour que nous tous, catholiques, nous ne prenions pas en mains, dans la mesure de nos forces, les affaires de l'Église, au dedans de la France et au dehors. La prière, si excellente qu'elle soit, ne suffit pas ; il faut encore, et surtout actuellement, selon la parole de Pie IX, il faut des œuvres.

La nôtre, fondée comme l'Ordre Séraphique lui-même, sur la sublime Pauvreté, ne s'appuie que sur les ressources indéfectibles de la Charité catholique. Outre le mérite personnel de l'aumône, qui rachète les péchés et plaide sans cesse au pied du trône de la justice divine, celle que nous vous demandons aura pour résultat le développement des grandes vocations, la formation de prêtres et de religieux, la diffusion de l'Évangile, le salut des âmes, la conservation des Lieux-Saints et la conversion de notre pays. Comme nos pères, sachons unir dans une même alliance la Foi et la Charité.

II

ORGANISATION

1. — Notre Collége est ouvert aux enfants de toutes les classes de la Société, riches et pauvres, qui se destinent à l'Ordre de Saint François.

2. — Nous ne recevons pas d'enfants après l'âge de seize ans.

3. — Les enfants sont élevés et instruits par des religieux légalement autorisés et gradués. Le cours des études embrasse toutes les classes et toutes les matières de l'enseignement secondaire. Après la Rhétorique, les enfants passent au Noviciat

4. — Les parents *s'engagent par écrit* à laisser au Collége leurs enfants tant que les Directeurs reconnaîtront en eux les aptitudes à la vie religieuse.

5. — Les parents produiront : 1º un extrait de baptême de l'enfant et de première communion, signé par M. le Curé et légalisé ; 2º un certificat de vaccine, de santé et de constitution de l'enfant, signé par le médecin et légalisé.

6. — L'enfant nous adressera une lettre faite par lui seul, dans laquellè il sollicitera son admission.

7. — Nous n'exigeons des familles aucune rétribution : ce que nous en recevons n'est qu'à titre d'aumônes spontanées et volontaires ; seulement, chaque enfant doit apporter, en entrant, son trousseau et le prix de son voyage en cas de retour.

TROUSSEAU

6 Chemises.
6 Serviettes de table.
6 Serviettes de toilette.
3 Torchons pour les pieds.
12 Mouchoirs.
4 Draps de lit.
2 Couvertures de lit.
2 Caleçons.
6 Paires de bas ou chaussettes.
2 Tricots de laine ou de coton.
4 Taies d'oreiller de 0,55 de long sur 0,45 de large.

1 Blouse de coton noir.
3 Blouses, dont l'une en laine, gris très-foncé.
1 Ceinture de cuir.
3 Pantalons, dont 2 gris très-foncés.
3 Gilets dont 1 à manches.
3 Cravates.
2 Paires de souliers.
1 Casquette bleu foncé.
Peignes ; brosses pour les dents, pour les souliers et les habits.

Les parents peuvent ajouter au trousseau tout ce qu'ils jugeront à propos ; et, bien que nous ne leur demandions rien pour l'éducation et l'entretien de leurs enfants, nous sommes persuadés que leur charité ne voudra pas rester en dehors de l'Œuvre, surtout pour les premiers frais d'installation.

III

RESSOURCES

L'unique ressource est la CHARITÉ, qui ne fait jamais défaut pour les œuvres gratuitement faites pour DIEU.

L'Œuvre reçoit des aumônes de tous genres : argent, aliments, linge, étoffes, livres et fournitures de bureau, mobilier, instruments de mathématiques, physique, musique, jardinage, arts mécaniques et industriels, etc.

Toutes les conditions de la Société peuvent concourir, dans la mesure de leurs facultés, à l'entretien efficace de nos enfants.

Nous demandons pour eux au riche un petit souvenir au budget de ses aumônes ; à la veuve et au pauvre un denier ; à l'enfant une petite privation pour ses frères ; à tous, un témoignage de foi et de charité.

LE SOU SÉRAPHIQUE ET LES SEPTAINES.

1° *Le sou séraphique* consiste à donner à l'Œvre un sou par an : enfants, pauvres, domestiques, tout le monde peut faire cette aumône ; c'est surtout dans les écoles qu'il faut établir cette Œuvre. Une zélatrice condense les recettes et les envoie.

2° *Les Septaines* consistent en une association de sept personnes en l'honneur des sept allégresses et des sept douleurs de la Sainte Vierge et de saint Joseph, principaux patrons de l'Ordre de saint François. Chacune donne ce *qu'elle veut* par an. On peut dans ce but, et sans *bourse délier*, ramasser toutes les vieilleries, chiffons, papiers, ferrailles, verres cassés, etc., et les vendre et en envoyer le produit.

Des prières quotidiennes et perpétuelles et des messes sont assurées à tous les bienfaiteurs pendant leur vie et après leur mort.

Les offrandes sont reçues par M. Dinety, syndic du Collége Séraphique, rue du Tondu, 136, Bordeaux (Gironde), ou par le Frère sous-syndic du Collége Séraphique, rue de Pessac, 194, Bordeaux.

La *Revue Franciscaine*, organe du Tiers-Ordre, qui se publie à Bordeaux, rend compte

périodiquement de l'Œuvre du Collége Séraphique.

Pour tous renseignements, s'adresser *franco* au
R. P. Irénée, d'Orléans, Directeur du Collége
Séraphique.

Le Directeur du Collége Séraphique,

FR. IRÉNÉE, D'ORLÉANS,
Min. Obs.

Vu et approuvé :

FR. RAPHAEL.
Min. Prov.

RECOMMANDATION DU CARDINAL-ARCHEVÉQUE DE BORDEAUX

C'est avec bonheur que nous avons vu, il y a deux ans,
notre diocèse devenir le berceau du Collége Séraphique. Nous
appelons, de tout notre cœur, les bénédictions du Seigneur
sur cette Œuvre catholique de l'apostolat franciscain et sur
ses charitables bienfaiteurs.

FERDINAND CARD. DONNET,
Archevêque de Bordeaux.

Bordeaux, 25 mars 1874.

PRIÈRE UNIVERSELLE

O Père éternel! nous vous offrons dans le Cœur de Marie-Immaculée et par ses mains bénies, à chaque seconde du jour, chacun des battements du Sacré-Cœur de Jésus, chaque goutte de son sang précieux, autant de fois qu'il se trouve de grains de poussière sur la terre, d'étoiles au firmament, de gouttes d'eau dans la mer, les fleuves et les rivières. Nous vous offrons toutes les messes, communions, prières, pénitences, bonnes œuvres, qui ont été faites, qui se font et se feront jusqu'à la fin des temps; les adorations, les louanges de toute la Cour céleste; les souffrances des âmes du Purgatoire; les mérites de la Passion du Sauveur. C'est pour vous remercier, ô mon Dieu! de tous vos bienfaits envers chacun des hommes, en réparation de tous les outrages que reçoit votre divine Majesté; pour obtenir l'extinction du schisme, la diminution des péchés qui se commettent tous les jours, la prudence, le bon exemple, le respect envers les parents, les maîtres et les supérieurs; la foi, la patience, l'humilité, la con-

fiance en Dieu pour tous les inférieurs et les serviteurs; la piété, la docilité, la fuite du mal de la
part de l'enfance et la jeunesse ; l'abnégation, la
persévérance dans la vertu pour l'âge mûr et la
vieillesse ; la conservation de Notre Saint-Père le
Pape; le triomphe de l'autorité de l'Église, de la
justice sur l'iniquité et de la vérité sur le mensonge, l'insubordination et l'erreur ; l'éloignement
des fléaux, de la famine, de la guerre et de la
peste; la prospérité de tous les Ordres religieux
et particulièrement de l'Ordre Séraphique ; le zèle
et la sainteté pour le sacerdoce catholique ; enfin
la grâce d'une bonne mort pour tous les Agoni-
sants, le soulagement pour les âmes du Purgatoire, l'exaltation de l'Église triomphante. Ainsi
soit-il.

TABLE DES MATIÈRES

BORDEAUX, IMPRIMERIE ALCIDE SAMIE
Rue du Parlement-Saint-Pierre, 16.

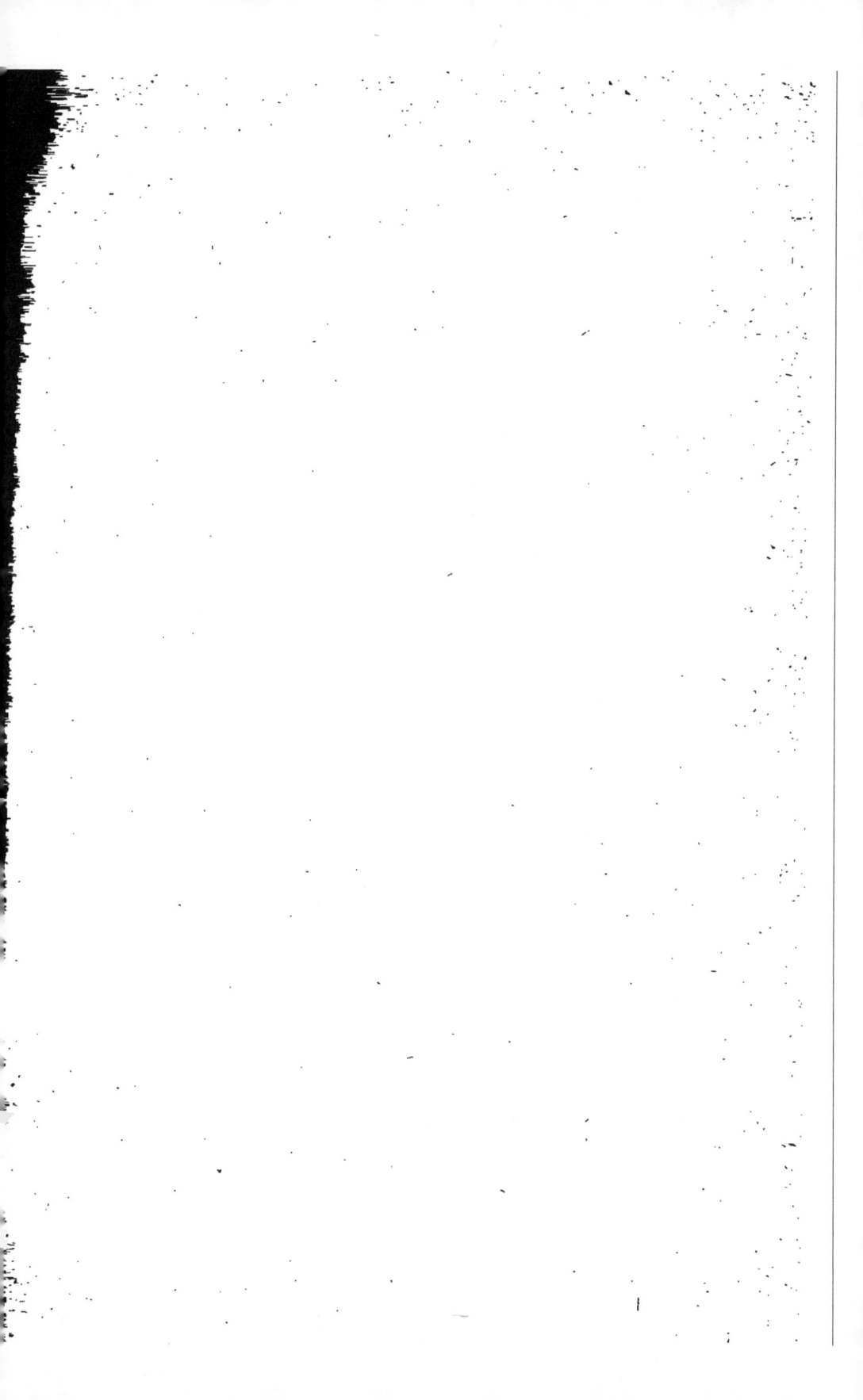

On trouve au Bureau de l'Œuvre Franciscaine, chez M. A. Brion, rue Saint-François, 41, à Bordeaux :

REVUE FRANCISCAINE. — Bulletin du Tiers-Ordre de saint François, publié par les Franciscains de l'Observance, avec l'approbation du Ministre Général de l'Ordre. — Par an .... 3 fr. — Le numéro isolé........... 30 c.

On expédie des CALENDRIERS séparément de la *Revue* aux personnes qui en font la demande, en envoyant le prix de l'abonnement, fixé à 4 fr. 80 par an pour douze exemplaires.

L'HUMILITÉ. — LA PRÉSENCE DE DIEU OU LA VIE INTÉRIEURE. — LA PAUVRETÉ. — LA MORTIFICATION PRATIQUÉE DANS TOUS LES DÉTAILS DE LA VIE, opuscules dédiés aux riches comme aux pauvres du XIXᵉ siècle, par le P. Simon. — Prix franco : 20 centimes l'exemplaire. — La douzaine.... 2 fr.

VIE DE SAINT FRANÇOIS D'ASSISE, FONDATEUR DE L'ORDRE SÉRAPHIQUE. — Grand in-18 .... 40 c.

VIE DE SAINT FRANÇOIS, par le R. P. Chalippe. 3 volumes. 6 fr.

VIE DU VÉNÉRABLE FRÈRE EGIDIO, Franciscain, 1 v. in-12. 80 c.

VIE DE LA BIENHEUREUSE JEANNE-MARIE DE MAILLÉ, Baronne de Silly, Tertiaire de saint François, par le P. Frédéric, Religieux Franciscain .... 25 c.

LES TRÉSORS SPIRITUELS, par Mgr de Ségur........... 20 c.

SAINTS PROTECTEURS DU MOIS. — L'exemplaire...... 1 fr. 10

PRIÈRE À SAINT ANTOINE ET CONSÉCRATION DE LA JOURNÉE, la douzaine...................................... 20 c.

CE QUE C'EST QUE LE TIERS-ORDRE FRANCISCAIN, par le R. P. Raphaël, opuscule de 16 pages, grand in-18. — La douzaine .... 60 c. — Le cent .... 4 fr.

CE QUE C'EST QUE L'ARCHICONFRÉRIE DU CORDON DE SAINT FRANÇOIS. — L'unité .... 10 c. — La douzaine ...... 60 c.

LE PETIT OFFICE DE LA SAINTE VIERGE, à l'usage des Tertiaires. — Prix marbré... 60 c. — Tranche dorée.... 70 c.

PETITE NOTICE POUR LA PROPAGATION DU TIERS-ORDRE, la douzaine............. 20 c. — Le cent.......... 1 fr. 25.

LITANIES DE LA RÉSIGNATION, la douz.. 30 c. — Le cent. 2 fr.

RITUEL A L'USAGE DES PRÊTRES DIRECTEURS, relié....... 50 c.

UNION DES VICTIMES DU SACRÉ-CŒUR, la douzaine....... 15 c.

SOUVENIR DE MISSION. — La douzaine, 40 c. — Le cent. 2 fr.

Bordeaux, imprimerie A. Samie.

www.ingramcontent.com/pod-product-compliance
Lightning Source LLC
Chambersburg PA
CBHW072107090426
42739CB00012B/2880